Reader Takes All.

閱讀的風貌
Fashions of Reading

1
Net and Books

密林裡尋找一片樹葉的探險

郝明義

1999年春節期間，我在紐西蘭渡假，讀了一本書：《如何閱讀一本書》（*How to Read A Book*，台灣商務）。這本書的作者是艾德勒，初版在1940年，是一本歷久彌新的經典。

一氣讀完後，有兩種強烈的感覺。

先是羞恥。我是個做出版工作的人，成日與書為伍，結果到那個春節前的兩個月才知道這本書，到自己四十四歲這一年才讀這本書，幾乎可說無地自容。之外，也不免深感懊惱：如果在我初高中青少年時期，就能讀到這本有關如何讀書的書，那我會節省多少閱讀的冤枉路？

但，另一個感觸則是：何其有幸。在出版業工作了二十多年之後才讀到這一本書，與其說是不幸，不如說是有幸。這麼多年來，我在閱讀的路上，思索固然很多，困惑也多，想清楚的有一些，想得模糊的更多。就如同書名「如何閱讀一本書」所言，這本書幫我就讀書這件事情的思索和困惑，做了許多印證和總結。如果沒有經歷這麼多年的尋覓與顛簸，發現與失落，我讀這本書的感受不會這麼深刻，收穫也不會這麼豐富。因此不論就讀者還是出版者的身分，我相信這本書都會深遠地影響我的未來。

紐西蘭的夏天，雲來的時候，寒意逼人，雲去的時候，豔陽高照。窗外的樅樹，則靜靜地聳立。

□

我會知道這本書，是極偶然的。

前一年，也就是1998年年底，我和一位譯者討論稿件。談完公事，我們聊天，聊到一部叫做《益智遊戲》（Quiz Show）的電影。電影是真實故事，主角是1950年代，美國哥倫比亞大學一位英姿煥發的年輕教授，查理．范多倫。查理．范多倫書香門第，父親馬克．范多倫不但是哥倫比亞大學的名教授，在美國文學史上也有其地位。查理．范多倫由於博覽群書，才氣過人，就參加當年風行美國的電視益智節目，結果連續拿下十四週冠軍（今天網路上還可以找到當年的題目，難度非同小可）。查理．范多倫固然因而成了知識的英雄，但是他終究不敵良知的煎熬，最後坦承作弊，是主辦單位提供了他許多問題的答案。查理．范多倫辭離哥倫比亞大學，就此隱姓埋名。

電影在查理．范多倫黯然離開他父親書房時結束，那天我們談的是他離開那個書房之後的事。我從那位譯者那兒得知查理．范多倫後來如何又蒙艾德勒邀約共事。艾德勒原是美國芝加哥大學教授，除了寫過第一版的《如何閱讀一本書》之外，還以主編過五十四卷本的《西方世界的經典》，以及擔任1974年第十五版《大英百科全書》的編輯指導而聞名於世。查理．范多倫襄助艾德勒編輯《大英百科全書》，並且把《如何閱讀一本書》原來內容大幅修編增寫，因此，今天我們讀到的《如何閱讀一本書》，作者是由艾德勒和查理．范多倫共同領銜的。

我因為對范多倫故事的好奇，而去讀了《如何閱讀一本書》。而最後滿足的不只是我的好奇心，還有對閱讀及出版的重新認識與整理——包

括我以四種飲食來解釋閱讀的出發點。

□

網路發展之後，閱讀開始重新定義。網路與書籍，成為一體兩面。電子界面的閱覽，和紙張界面的披讀，成為相輔相成的途徑與工具。我們正式由「讀書」的時代，進入「閱讀」的時代。

如果說知識本來就是一座密林，那麼網路發展之後，密林就更加深沉。

如果說閱讀本來就是在密林裡尋找一片樹葉的探險，那麼今天尋找那片樹葉的探險，也就更加難以預測。

閱讀能滿足自己的希望與需要，越來越要有些機緣的因素。上面談到我自己會讀到那一本正好是我需要的書，只是機緣因素的一個小小例子。

□

我想，應該有很多和我有同樣困惑與需要的人。之後，一個和閱讀相關的計劃，就開始逐漸成形。

歸納起來，一個閱讀的人不免有三個問題：

一．在每天新生的許多知識裡，不該錯過什麼？

二．在生活、工作、社會中產生想要探究的問題時，要怎麼尋求閱讀的解答或是參考？

三．要進入一個新的知識領域時，該怎麼入門？

我覺得一個和閱讀相關的計劃，應該和讀者共同探索這三個問題，並且應該兼顧網路和書籍兩種不同閱讀型態的需要。

因此，這個計劃包含一個網站，以及一個主題書系列的出版。前兩個問題，由我們的網站www.netandbooks.com 來解決，後面第三個問題，則由我們出版的主題書系列來回答。

這也就是各位看到這個主題書系列的由來。

□

書籍，是一種傳統型態的網路。網路，是一種新型態的書。這樣一個重新探索閱讀的計劃，因此名為Net and Books——網路與書。

「網路與書」希望跨越紙本書籍與網路閱讀的界限之外，也希望從許多方面跨越地域的界限。

這個計劃的每一個主題、每個主題探討的書籍與網站、寫作者、工作方法，都希望跨越地域的界限。

□

要跨越這麼多界限，我們必須將本身的立場盡可能地縮小，最好只回歸到一個原點。

在閱讀的世界裡，這個原點，就是讀者。

在我們自己某個地域、某個專業、某個身分之前，我們每個人都是讀者。沒有一個讀者一定高於另一個讀者，也沒有一個讀者的經驗等同於另一個讀者。

在知識的密林裡，我們每個人都在摸索前進。

面對這樣一個密林，每個人發言的時候，不應該是因為自覺站上了什麼高度，而應該是想把自己摸索、顛簸的經驗，中途遇到陷阱的困頓，以及尋找到那片樹葉的驚喜，和大家分享。

希望所有的讀者參與這個分享。

不只閱讀別人的分享，也提出你的分享。 ■

CONTENTS
目錄

封面繪圖／吳孟芸

紅樓夢第一回

甄士隱夢幻識通靈　賈雨村風塵懷閨秀

此開卷第一回也作者自云曾歷過一番夢幻之後故將真事隱去而借通靈說此石頭記一書也故曰甄士隱云云但書中所記何事何人自已又云今風塵碌碌一事無成忽念及當日所有之女子一一細考較去覺其行止見識皆出我之上我堂堂鬚眉誠不若彼裙釵我實愧則有餘悔又無益大無可如何之日也當此日欲將已往所賴天恩祖德錦衣紈袴之時飫甘饜肥之日背父兄教育之恩負師友規訓之德以致今日一技無成半生潦倒之罪編述一集以告天下知我之負罪固多然

purple

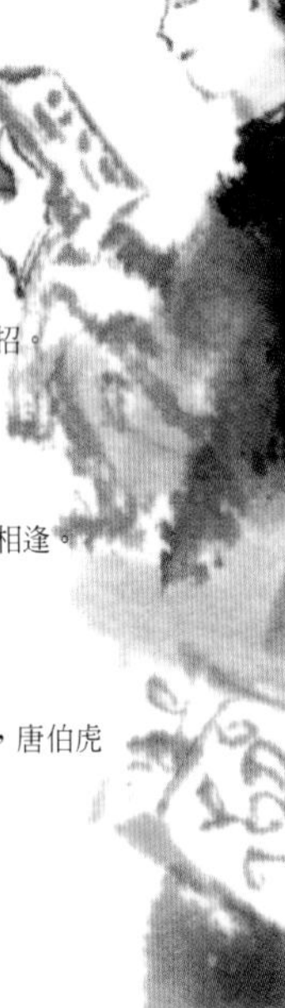

Part I Check Points
關鍵點

閱讀的風貌

人類到目前所達成的一點點成就，
以及我們所講過的全部歷史，
都只不過是未來要展開的一章序曲而已。

What man has done, the little triumphs of his present state,
and all this history we have told, form but the prelude to the things that man has yet to do.
——H. G. Wells

文——郝明義

宋朝時候，蘇東坡曾經寫下這麼一段話：「自秦漢以來，作者益眾，紙與字畫，日趨於簡便，而書益多，世莫不有，然學者益以苟簡……而後生科舉之士，皆束手不觀，遊談無根……乃為一言，使來者知昔之君子見書之難，而今之學者有書而不讀，為可惜也。」（參見本書第100頁。）

蘇東坡的時代，和畢昇發明膠泥字模的活版印刷術年代相當，雕版印刷則更存在了兩百年之久。寫作與閱讀的媒體，早已脫離了竹簡、

公元前4000年左右，蘇美人在兩河流域發明楔形文字，早於倉頡造字一千五百多年。右頁上圖是大流士王宮牆壁上的刻文，王宮大約建於公元前六世紀，今天伊拉克境內。

比蘇美人晚一千年左右，埃及人發明象形文字，書寫在紙草（Papyrus）卷上，下圖就是一份紙草卷。

corbis

絲帛，因而他有了「紙與字畫，日趨於簡便，而書益多」，但大家卻「有書而不讀」的感嘆。

corbis

一年等於兩千年的新書

蘇東坡生在今天，感嘆一定不止於此。

一方面因為「遊談無根……有書而不讀」的情況依然不免，一方面也因為今天出版的書籍和一千年前他所處的時代比起來，不能以道里計，「而書益多，世莫不有」的情形，遠遠超出一個讀者的選擇負擔。

據統計，從西漢到清末，大約兩千年間所出版的書種，現存大約十五到十八萬種；從1912年到1949年期間，大約四十年間所出版的書種，在十萬種左右。而今天，海峽兩岸三地一年出版的中文書種，起碼在十三萬種以上（台灣三萬種，大陸十萬種）。換言之，今天一年的時間裡，一個華文世界讀者所要面對的新書書種，就已經超過了過去四十年時間出版品的數量，也幾乎相當於更早兩千年時間所留下的書種數量。

何況，今天一個讀者要閱讀的書種，又絕不只是中文書而已，還有種種其他的語文；何況，每天都有那麼多新生的知識領域，既有的知識領域又在不斷地更新；何況，在近年網路的泡沫化之後，書籍與平面出版品誕生的速度還在繼續增加中。

一切都在膨脹與擴展之中。唯一沒有增加的是，一個閱讀者一天還是只有二十四小時。

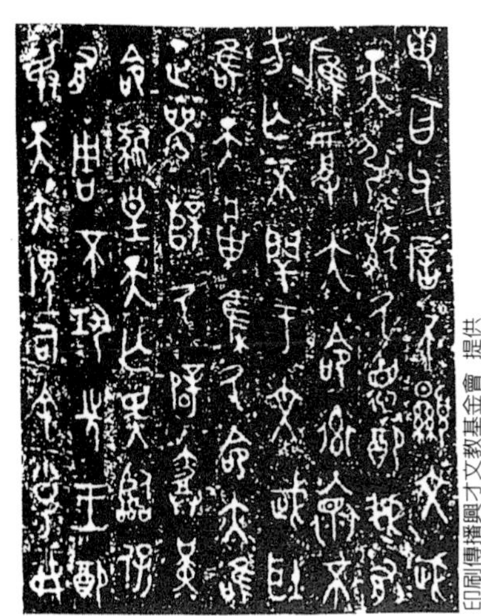

印刷傳播興才文教基金會 提供

公元前2600年左右，黃帝時期，史官倉頡以鳥獸蟲跡而造字。
商朝，使用甲骨文，後來，再在青銅器上書寫「金文」，又稱「銘文」。這是著名的毛公鼎上的金文。

corbis

公元前六世紀的時候，全世界都有燦爛的思想與文化。在中國，有春秋時代的孔子、老子；在希臘，有蘇格拉底；在印度，有釋迦牟尼。希臘的蘇格拉底因為探索真理而被冠以惑亂人心的罪名賜死，左圖是他飲下毒藥之前的場景。蘇格拉底雖死，但有柏拉圖、亞里士多德延續思想的傳承。其中亞里士多德強調實證的精神，為日後西方文明很重要的一個起源。亞里士多德也當過亞歷山大大帝的老師。希臘人也用紙草卷書寫，比埃及的尺寸略小一點。

Reader Takes All

因此，今天一個閱讀的人的第一個問題，就是怎麼面對這麼龐大的書籍數量。

換句話說，現在閱讀的最主要課題，不在於要不要閱讀，而在於如何閱讀，也就是閱讀的方法。

我們需要對閱讀方法開始新的探索。不只是爲了要改善在有限時間制約下的閱讀品質，也因爲閱讀方法的本身，就在決定我們要不要閱讀。

閱讀的方法，有廣義和狹義兩個意義。廣義，是知道如何找到自己所需要閱讀的東西，如何判斷這是否就是自己所需要閱讀的東西；狹義，是知道找到之後怎樣以最適當的方法來閱讀。

狹義的閱讀方法，只要個人透過練習與控制，比較容易達成，或比較容易調整。

廣義的閱讀方法，牽涉整個社會對

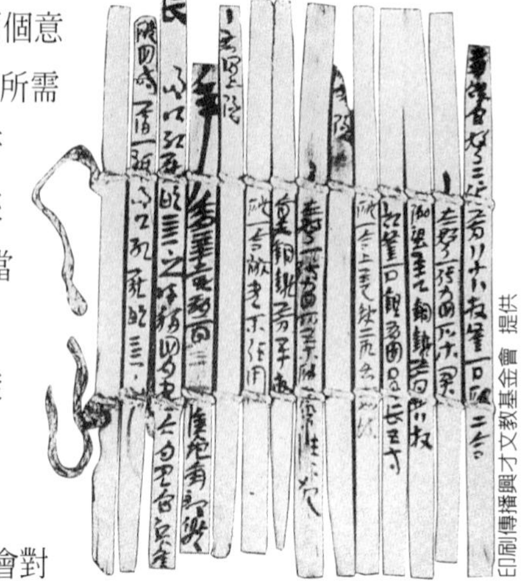

印刷傳播興才文教基金會 提供

春秋時代開始，中國人使用竹片與木片書寫。竹片叫「簡」（又稱「策」），主要用來寫書。木片叫「方」（又稱「牘」），主要用來寫信。左圖是馬王堆漢墓出土的竹簡。大約在竹簡和木牘盛行的同時，也有人以絲織品來當作記錄文字的材料，這樣寫出來的書稱之為「帛書」。從春秋到西晉末期，一直有人在絲帛上書寫。

知識的整理態度與系統，以及教育制度與方法，尤其困難。

網路時代，許多人日益擔心英語社會的強大，以及對其他語文社會所造成的壓迫。但這種情況之出現，與其歸因於英語社會在科技上的領先，倒不如歸因於他們長期在知識整理系統上所擁有的領先——他們長久建立的知識整理的系統，經由網路的傳播，成爲閱讀最方便也最合適的入口。

而華人社會，不論就閱讀方法的廣義或狹義層面來說，均爲欠缺不足的情況，是十分明顯的。

我們面對閱讀方法，來到了一個臨界點。對於閱讀方法的需求，雖然長期存在，但從沒有像今天這麼重要。

掌握得到方法，就不必擔心書種越出越多。一個懂得怎麼選擇，怎麼消化的讀者來面對形同無盡止的書海，就好像一個精通廚藝的大廚來面對存貨無比豐富的超級市場，他會最精明又快速地選擇到他所需要的東西；反之，如果不懂得選擇、消化書籍的方法，即使有再強烈的熱情與興趣在支撐，不是形同夸父追日，就是像劉姥姥進大觀園——走馬看花倒罷，還不免受魚目混珠之害。

在商業社會裡，我們常說「Winner Takes All」（贏家通吃）。在閱讀的天地裡，也將是這個情況——掌握到方法的人，就可以掌握到開啓所有知識的鑰匙；掌握不到方法的人，難於起動閱讀，不免「遊談無根……有書而不讀」的路子；或者，起動之後也事倍功半，甚至徒勞無功。對這種發展，我們可以稱作「Reader Takes All」（贏家通讀）。

公元前四世紀（相當於中國戰國時期），亞歷山大大帝建立了一個雄偉的帝國，但他死後帝國分崩，其中，一名部將托勒密(Ptolemy)成為埃及的統治者。托勒密（下圖）熱愛知識與文化，把埃及的亞歷山大建設成一個輝煌的文化中心。亞歷山大圖書館顚峰時，據說有百萬卷紙草卷書。
托勒密對西方文化有兩個重要貢獻：一是間接促成了羊皮紙的發明；一是亞歷山大的文化火炬成為日後文藝復興時期重要的思想源頭。

corbis

印刷術發生在歐洲和中國的時候

如何面對書籍的閱讀，只是今天身爲讀者的第一個課題。另外一個更重要的課題，是如何面對網路創造的閱讀環境。

網路閱讀，以及網路會不會取代書籍，曾經是一個很熱門的話題。隨著網路發展的波波折折，今天很少人提這個問題了。就像幾年前很多人認爲書籍將要被網路所取代，今天，也有很多人認爲網路畢竟難以取代書籍。

祇樹給孤獨園

長老須菩提

凡欲讀經先念淨口業真言遍

脩唎　脩唎　摩訶脩唎　脩脩唎　娑婆訶

奉請除災金剛　奉請辟毒金剛　奉請黃隨求金剛

奉請白淨水金剛　奉請赤聲金剛　奉請定除厄金剛

奉請紫賢金剛　奉請大神金剛

金剛般若波羅蜜經

如是我聞一時佛在舍衛國祇樹給孤獨園與大比丘衆千二百五十人俱尒時世尊食時著衣持鉢入舍衛大城乞食於其城中次第乞已還至本處飯食訖收衣鉢洗足已敷座而坐時長老須菩提在大衆中即從座起偏袒右肩右膝著地合掌恭敬而

究竟是否如此，我們不妨回頭看看五百年前，活版印刷術在歐洲發展的過程。

1455年，古騰堡在德國開始以金屬字模的活版印刷時，歐洲已經經歷了長達一千年的黑暗時期。羅馬帝國衰敗之後，烽火頻仍，文化殘破，教會成爲保存書籍的最後一塊堡壘，然而，書籍的內容與形式也因而靜止不前——內容，主要是聖經與上帝的話語；形式，是精美的手抄文字加上聖像繪圖。相對於中國在這一千年之間經歷的唐宋兩朝的高度文明，知識與文化在歐洲的發展都是遲緩的。

前頁跨頁圖是斯坦因從敦煌帶回英國的《金剛經》。這是現存世界上最早的印刷書籍，共有一頁畫和六頁經文，每頁長兩英呎半，寬一英呎，各頁黏成一個長十六英呎的卷子。經文之末印有「咸通九年四月十五日，王玠為二親敬造普施。」（唐末，相當於公元868年。）
（圖片來源：British Library）

在那樣的困境中，活版印刷所打開的局面是必然的，震撼的——活版印刷書籍取代手抄本書籍，加快加大知識的傳播——宗教改革、文藝復興，以及再後的工業革命，都和這一波閱讀革命密切相關。

然而，即使是如此必然且不可逆轉的趨勢，當時卻有段漫長的歷程。

活版印刷的書籍，不是一下子就淘汰手抄本書籍的。

早期印刷科技固然喚醒了大家對知識的需求，但是技術的本身還有種種缺點與限制。印刷的主要目的，是爲了節省手抄書籍的時間，換句話說，解決書籍出版的成本問題。至於字模、編排與版本設計則主要摹仿手抄本書籍，還沒有發展出自己的精神。因此，手抄本書籍並不是馬上就遭到淘汰，而是繼續存在了將近一百年之後，才漸漸地消失。

大般若波羅蜜多經卷第五十七　宙
三藏法師　玄奘奉　詔譯
初分讚大乘品第十六之二　陳生刊
復次善現若真如實有性者則此大乘非尊
非妙不超一切世間天人阿素洛等以真如
非實有性故此大乘是尊是妙超勝一切世
間天人阿素洛等善現若法界法性不虛妄
性不變異性平等性離生性不思議界虛空
界斷界離界滅界無性界無相界無作界無
爲界安隱界寂靜界法定法住本無實際實

同樣的情形，也發生在中國，雖然背景略有不同。

中國早在畢昇發明膠泥字模的活版印刷之前，大約八世紀初，唐朝武則天年代就發明了雕版印刷。

唐朝太平盛世，文化高度發展，不論是科舉還是文學創作所需，都有大量的閱讀需求，因此抄書業十分興盛。雕版印

雕版印刷雖然發明於唐朝，但是大盛於一千年前的宋朝。左下圖是宋朝重要出版品《磧砂藏》的書影。宋朝也是畢昇以膠泥字模發明活版印刷的年代。後來到十三世紀末（元代），王禎研究改進畢昇的膠泥活字，創造了木活字。他所著的《農書》中附載《造活字印書法》，是世界上最早的系統敘述活字印刷術的重要文獻。他所設計的轉輪排字架是排字技術上的重要發明。（下圖）

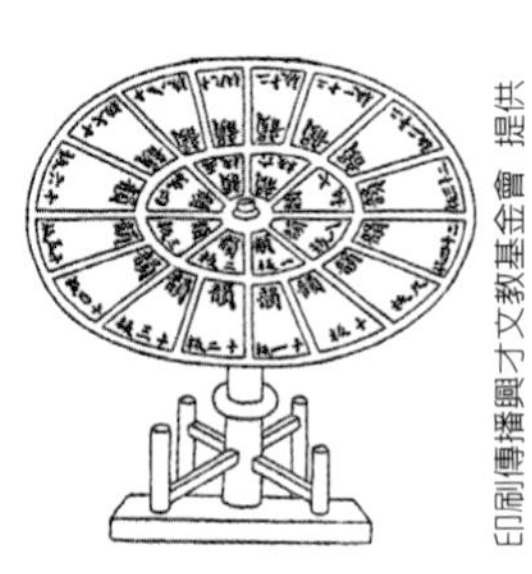

印刷傳播興才文教基金會 提供

corbis

古騰堡在看他的打樣。古騰堡發明活版印刷不久，因為欠債無法償還，所以法院判決將機器抵債給了債權人傅斯特(Johann Fust)。傳斯特與另一位合夥人舒佛（Peter Schoeffer ）成立的公司，叫傳斯特舒佛公司（Fust & Schoeffer)，成為第一個因印刷而致富的公司。書籍印上出版日期及印刷者名字，也從他們而起。因為看到印刷可以致富，歐洲各地很快都有人投入這個新興事業，接下來二、三十年間，光德國就出現了350家以上的印刷廠，但存活二十年以上的不超過百分之十。

刷會在這樣的氛圍裡發生，也就是件很自然的事。

然而，雕版印刷出現之後，也不是馬上就淘汰手抄本的書籍。雕版費工費時，字體也比不上手抄本秀麗，因此主要都是用來雕造佛像及佛經（現存最早的雕版印刷品都是佛經），以及由書坊刻版流通一些民間需要的曆書、雜書等等。雕版印刷大盛，要等到五代以後，也就是兩百多年之後的事。

今天我們在歷史書上讀來短短幾個段落的文字，走過的路程其實相當漫長。

影響網路閱讀的四個因素

在這樣的對照之下看今天的網路閱讀，不難發現，這種新型態的閱讀發展，一方面被預測爲未來的閱讀形式，爲大家所期待；一方面卻又拖延不前，遲遲沒有進展，其中有些理由。

corbis

印刷術還沒有發明之前的中世紀歐洲，只有僧侶及貴族才能收藏書籍，書籍的製作，都是由僧侶手抄而成，書籍的內容，也因而主要都是和宗教相關。也因為如此，抄寫的時候有各種規矩，字體大小與位置都不能任意更動，書裡的插畫，人物要以聖徒為主，無關人物的裝飾，也要有特殊畫法。這種歌頌宗教精神，有特殊規定的插畫，就叫Illumination (和那些神聖的光暈有關) 。至於隨意著筆，純粹為畫而畫的插圖Illustration，則是後來的事。1455年，古騰堡在這樣的氛圍下發展了金屬字模的活版印刷，帶動了其後的宗教改革、文藝復興。

PARABOLE

Incipit prologus sancti iheronimi
presbiteri in parabolas salomonis
Iungat epistola quos iungit sacerdoci-
um: immo carta non dividat: quos
xpi nectit amor. Cōmentarios in osee.
amos. et zachariā malachiā. quoque
poscitis. Scripsissē: si licuisset pre vali-
tudine. Mittitis solacia sumptuum.
notarios nros et librarios sustenta-
tis: ut vobis potissimū nrm desudet
ingenium. Et ecce ex latere frequēs turba
diversa poscentium: quasi aut equū sit me
vobis esurientibus aliis laborare: aut
in racione dati et accepti. cuiquā preter
vos obnoxius sim. Itaque lōga egrota-
tione fractus. ne penitus hoc anno re-
ticerē. et apud vos mutus essem. tridui
opus nomini vro consecravi. interp-
tationē videlicet triū salomonis vo-
luminū: masloth qd hebrei parabolas.
vulgata editio pverbia vocat: coeleth.
quē grece ecclesiasten. latine concionatorē
possumus dicere: sirasirim. qd in linguā
nram vertitur canticū canticorum. Fertur et
panaretos. ihesu filii sirach liber: et alius
pseudographus. qui sapientia salo-
monis inscribitur. Quorum priorē hebra-
icum reperi. nō ecclesiasticū ut apud la-
tinos: sed parabolas pnotatū. Cui iūcti
erāt ecclesiastes. et canticū canticorum: ut
similitudinē salomonis. nō solū nu-
mero librorū: sed etiā materiarū gene-
re coequaret. Secūdus apud hebreos
nusquā est: quia et ipse stilus grecam
eloquētiā redolet: et nōnulli scriptorum
veterū hūc esse iudei filonis affirmāt.
Sicud ergo iudith et thobie et macha-
beorum libros. legit quidē eos ecclesia. sed
inter canonicas scripturas nō recipit:
sic et hec duo volumina legat ad edi-
ficationē plebis: nō ad auctoritatem
ecclesiasticorum dogmatū confirmandam.

Si cui sane septuaginta interpretum
magis editio placet: habet eā a nobis
olim emendatā. Neque enim nova sic cu-
dimus: ut vetera destruamus. Et tamē cū
diligentissime legerit. sciat magis nra
scripta intelligi: que nō in terciū vas
transfusa coacuerit: sed statim de prelo
purissime cōmendata teste: suū saporē ser-
vaverit. Incipiūt parabole salomonis
Parabole salomonis
filii david regis isrl:
ad sciendā sapienti-
am et disciplinā: ad
intelligenda verba
prudentie et suscipi-
endā eruditationē doctrine: iusticiā
et iudiciū et equitatē: ut detur parvulis
astucia: et adolescenti sciencia et intel-
lectus. Audiēs sapiēs sapiencior erit: et
intelligēs gubernacula possidebit. Ani-
madvertet parabolam et interpretatio-
nem: verba sapientū et enigmata eorum.
Timor dni principiū sapiēcie. Sapien-
ciam atque doctrinam stulti despiciūt.
Audi fili mi disciplinā pris tui et ne
dimittas legem mris tue: ut addatur
gracia capiti tuo: et torques collo tuo.
Fili mi si te lactaverint peccatores: ne ac-
quiescas eis. Si dixerint veni nobiscū.
insidiemur sāguini. abscōdamus tendi-
culas contra insontem frustra. deglutia-
mus eū sicud infernus viventē et inte-
grum. quasi descēdentē in lacū: omnē
preciosā substanciā reperiemus. implebimus
domus nras spoliis. sortem mitte no-
biscum. marsupiū sit unum omniū
nrm: fili mi ne ambules cū eis. Pro-
hibe pedem tuū a semitis eorum. Pedes
enim illorum ad malū currūt: et festināt ut
effundant sāguinem. Frustra autem
iacitur rete ante oculos pennatorum. Ipsi quoque
contra sanguinē suū insidiantur: et

第一， 各種相關技術不夠成熟，使得網路閱讀談不上舒適，更談不上方便。（比爾．蓋茲不就說過嗎？五頁以上的資料，他寧可印出來閱讀。）

第二， 網路閱讀，主要還是文字內容的表現，還沒發展出自己特有的內容與設計概念，因此對讀者而言，和閱讀書籍的樂趣與收穫，區分不大。

第三， 交易環境沒有成熟，創作者的權益難有保障，因而影響到內容創造與設計的意願。

第四，配合新型態閱讀所需要的新型態服務，還沒發展成熟。

可是，如果我們把時間拉遠一點，然後再看目前所謂不利網路閱讀的這四個限制因素，會發現四個限制因素都將發生變化。

第一， 各種技術會演進成熟，從閱讀界面與字體的舒適，到攜帶的方便，將來都不會是問題。

第二， 網路閱讀的內容與設計，會發展出自己的生命。網路閱讀終究會結合文字，又超脫於文字之外。

第三， 交易機制與環境會成熟。成熟之後會刺激創作者從事各種型態的創作。

第四， 網路可以發展出新的服務。新的服務不但會產生新的附加價值，也會回頭和閱讀內容一體成型。

未來，網路閱讀不論是否完全淘汰書籍，起碼都將成爲閱讀的主流。我們必須及早思考如何面對網路閱讀。

初期階段的網路閱讀

網路閱讀，可以分兩個階段來談。一個是目前還在初期發展的階段；一個是未來各種條件成熟的階段。

先看初期階段。

如前所言，網路閱讀的初期階段，在文字閱讀上有種種不便與限制。因此，有人寧可花很多時間逗留在一些文字以外，遊戲與視聽內容的閱讀上。

1455年古騰堡用活版印刷而成的聖經。因為一欄有四十二行，因此又稱「四十二行聖經」。印刷出來的字體已經十分精緻。為了符合當時流行的手抄本書籍的風韻，還加了許多聖畫（Illuminated ）的圖案。完整流傳至今的有二十冊。

紙張由中國傳入西方是大家公認的，但歐洲的活版印刷術是否就是由中國傳來，一直頗有爭論。持肯定態度的人，認為是在十三世紀，在蒙古帝國擴張版圖的過程中，經波斯而進入歐洲，另有一說是從俄羅斯傳入歐洲；持否定的人，主要意見則是「歐洲人可能從東方得到印刷的觀念，卻沒學到實際的程序和技術，而觀念並不算發明。」這種爭論和兩方使用文字的不同也有相當關係。由於中國文字的特性，所以視雕版印刷為印刷的發明，活版印刷只是印刷發明的後章而已。西方則使用拼音字母，因此視活版印刷才是真正的印刷發明，雕版印刷只是印刷發明之前的序曲而已。

這是很可惜的誤用。正因爲目前網路的種種條件限制，還受限於文字，沒有發展出可以超脫於文字以外的內容與表現方法，所以今天網路閱讀最豐富與最有價值之處，不在於看來炫目的遊戲與視聽內容，而在於文字內容的儲存與聯結。

任何一個熱愛書籍閱讀的人，都是文字的熱愛者；一個熱愛文字的閱讀者，不應該錯過當下網路上已經舖陳的盛宴。

這場盛宴目前還欠缺的一個角落，是那些仍然在世或去世未久的作者的創作。由於著作權及付費機制有待建立，這些部份的創作是網路上所欠缺的內容，但是，除此之外的作品與知識，大約說起來只要早於一百年以前創作（已經成爲公共財的部份），早已形成一場壯觀又華麗的盛宴（尤其是以英語著作、譯作的部份）。這場盛宴，是一部無與倫比的資料庫，跨越文字與語言，地域與文化，一個熱愛文字閱讀的人，沒有任何理由不善加利用。

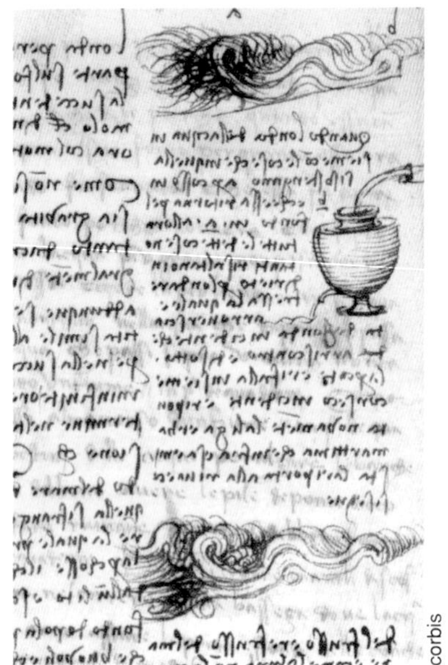

corbis

西方推崇一個博學知識份子所稱的「文藝復興人」，可以達文西為代表。達文西在繪畫、雕刻、科學等創作上都大放異采，充分展現「全觀」的視野。這是達文西思考水流與重力所作的八頁筆記，其中有他所稱的730個結論。他自稱在這方面的思考，受公元前四世紀托勒密文化顛峰時期的科學家希洛（Hero）影響很多。（希洛最早設計出蒸氣引擎，但沒有付諸實用。）

事實上，今天許多寫作已經可以完全依靠網路上的閱讀與查尋，而不需動用、翻閱平面紙張版的書籍。

網路閱讀比書籍閱讀方便的是，一切資訊都在指尖之間，不需要如陶侃搬磚般地勞動於書本與書本之間。但網路閱讀也有一個和書籍閱讀相同，並且更加嚴重的問題：面對浩瀚無比，新生速度也更加驚人的網路內容，讀者到底要如何選擇？

於是我們發現：現在網路閱讀的最主要課題，也同樣不在於要不要閱讀，而在於究竟要如何選擇，如何閱讀，也就是閱讀的方法。

只是在網路的閱讀中，更加迫切地需要發展出一套對知識的整理態度與系統，否則，面對挾泥沙以俱下的網路內容，一個閱讀者會承受比書籍閱讀方法上更大的挫折與無所適從。

「Reader Takes All」（贏家通讀）的道理與現象，在這裡更加明顯。

corbis

文藝復興的年代，歐洲人也開始了對世界新的探索。1492年，哥倫布發現了新大陸。這是土著獻上一名女人當作禮物（左圖）。不久，麥哲倫開始環球航行，哥白尼也發表《天體運行論》。中世紀教會主宰思想的桎梏，徹底鬆動。

知識與閱讀體系不足的一些原因

corbis

歐洲進入十八世紀啓蒙年代後，各種科學與人文思想更形雨後春筍。其累積的能量，終於以1789年法國大革命，以及緊接其後的工業革命為爆發點。左圖法國大革命時期巴士底監獄的烽火。

不論對書籍還是網路的閱讀來說，既然閱讀方法都這麼重要，因此儘管這個課題不是一篇文章所能探討得了，我們在這裡還是不妨思考一下今天自己爲何不足的原因——尤其相對於西方而言。

一個原因當然是近四、五百年來，太多知識領域發起、整理於西方，其淵源與傳統離我們有很大的距離。另一方面，則和中國人在這同樣一段時間，對知識與閱讀之偏觀有關。

明代的主流是偏向唯心的心學，清代的主流是考據。兩者在中國文化的發展與傳承上固然都有其意義與貢獻，但是放在人類，尤其近代人類所發展出的知識領域與視野來看，都不免失之於偏狹。其間，雖然有像明末清初顧炎武這樣的人提出「博學於文」的呼籲，但畢竟不是主流。

到了清末，中西文化相撞擊，識者固然亟思改進，但卻不免欲速則不達，甚至造成進一步的狹隘。張之洞提出《勸學篇》，是個代表性的例子。

張之洞主張「中學爲體，西學爲用」，然後再把「西學」一分爲二，「西政急於西藝」。這個對後世影響深遠的主張，雖然有其迫於時勢的理由，但也從本質上造成了「中學」與「西學」的割裂，以及「西政」

與「西藝」的斷章取義。其後，加上近代歷史上種種政治、社會因素的摻入與發酵，百年以來，不論海峽兩岸三地的任何一地，在教育與閱讀上都難免多少受這種割裂與偏觀之害。把知識便宜行事地加以割裂之後，對知識的認知會日益窄化，難以建立整理知識的態度與系統，原來就不足爲奇。

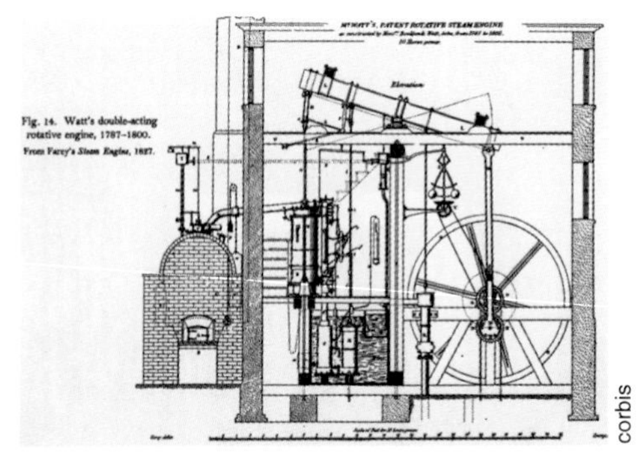

瓦特在1787到1800年間建造的蒸氣引擎的構圖，帶動了工業革命，離古騰堡發明活版印刷帶動閱讀與知識革命，已經是三百多年的時間過去了。但人類再接下來兩百年的發展，卻從此進入一個加速再加速的階段。

長期階段的網路閱讀

越過網路的初期階段，進入各種條件成熟，網路閱讀可以超越文字內容的另一個階段，我們所需要的又是另一種準備了。

這些準備不應該是喜歡閱讀的人才要有的，也不是關心閱讀的人才要有的。因爲，這件事情和閱讀的本質相關，和每個人都息息相關。

閱讀的本質，就是爲了認知這個世界。

人類對世界認知的方式，先是有觀察、圖像、肢體表達、音樂、語言；之後，以結繩、象形、拼音而發展出文字。

文字出現之後，人類互動的方法與方便，全面展現，但自此以後，人類對世界的認知方式，開始以文字爲最重要的中心——至於文字出現之前，人類綜合運用各種感官的全觀能力，則逐漸退化。印刷術發明之後，更進一步地加速，也擴大了文字的滲透力、擴散力、影響力。

從一百多年前開始，電影、電話、無線電、電視，相繼進入我們的生活。這些新的傳播媒體出現之後，以視覺、聽覺等

左圖是十九世紀德國一家造紙工廠的場景，辛勤工作的是兒童。當時工廠多用童工與女工。

corbis

歐洲開始活版印刷之後，歷經文藝復興與啓蒙時期，再接工業革命，各種知識與思想蓬勃發展的四、五百年間，中國正是明、清兩朝。明朝以清談、唯心的理學為知識主流，清朝以鑽研故紙的考據為知識主流，在中國文化的發展上雖不能否定其價値，但是與西方這段時間所蘊育的能量則完全不能相比。如此，到十九世紀中葉開始與西方的文化和槍炮相接觸時，就全無招架之力。左圖是西方人所繪的鴉片戰爭場景。

其他感官來認知世界的可能，才又逐漸浮現。也就在二十世紀，漫畫這種結合文字，又不同於文字閱讀的平面閱讀型態，興起於美國、歐洲、日本，也可以當作配合說明的一個註腳。

但是我們對文字的倚賴，畢竟已經太久也太習慣，文字在我們世界中獨特而主導的地位，並沒有因而發生根本的動搖。

網路出現，起初的本意，仍然是爲了方便文字的交換與傳播，然而，卻註定要踏上一個顚覆文字的路程——顚覆以文字來認知世界的過程。

網路之所以會顚覆文字，是因爲在電腦科技的輔助下，終將結合文字以外的聲音、影像、氣味、觸感，甚至意念，提供一種全新的感官經驗。虛擬實境，只是我們對未來網路閱讀既有的認知之中，一個最簡單的想像而已。

這種經驗，超越所謂的文字閱讀經驗，我們只能說：它會

十九世紀開始，西方的現代印刷技術也開始陸續回傳中國。

1859年（清咸豐九年）美國印刷技師姜別利（William Gamble）在寧波美華書館改進中文活字規格，定出七種標準，奠定了中文鉛字制度的基礎。他又創製了電鍍中文字模，發明了元寶式排字架，將中文鉛字分成常用、備用和罕用三類，提高鉛印書籍的生產效率。

1876年（清光緒二年）英商美查在上海創設點石齋石印書局，從西方引進照相石印技術。左圖是點石齋的印刷情況。點石齋的意思，取知識可以點石成金之意。

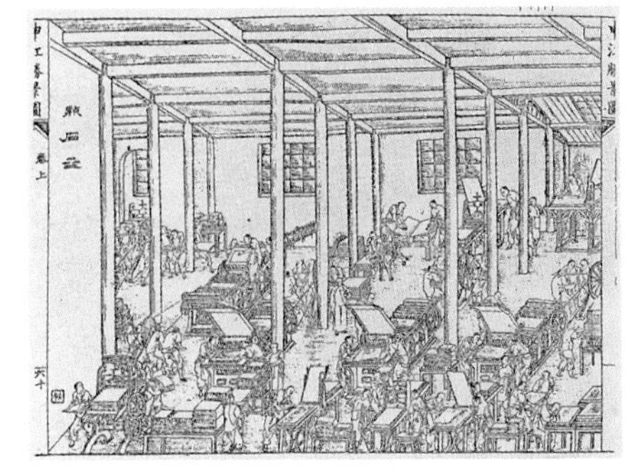

文史哲出版社 提供

打破文字閱讀的侷限，讓人類得以重溫全觀認知。

電腦銷售台數、達康公司的家數、電子商務的筆數，都不足以代表網路時代的開始。只有當閱讀可以透過網路進入這種經驗時，網路時代才算眞正開始。

1879年，愛迪生發明電燈。電的應用與人類生活產生了最緊密的結合。二十一年後的1900年巴黎博覽會上，主角正是電燈。然而，當年對電的應用有最瘋狂想像的人，可能也難以想像不過一百年後的情景。左圖是愛迪生在他的實驗室裡，站在他的電燈前面。

全觀的認知

人類歷經億萬年的進化才發展出文字，以及文字的閱讀能力，然後再又顚覆文字，回歸文字以外的全觀認知能力，有令人興奮之處，也有凶險之處。

以綜合感官來超脫文字的認知方式，固然可能讓我們重新開發全觀認知的能力，這種經驗也可能太過刺激，不僅容易耽溺其中，也可能扭曲認知的結果。

這個階段離我們尙爲遙遠，但是如果看看今天相形之下不過原始時代的一些粗糙的網路遊戲，就造成多麼耽溺的現象，就可以想像其可能的負面作用。

我們往全觀認知前進的路上，不但可能掌握不到全觀的根本意義，還可能把自己帶進一個更「偏觀」的世界。

這裡所說的「全觀」，已經又不是一個瞭解知識整理與分類系統的Readers Takes All可以代表的了。

我們應該更細密地思索網路的本質。

麥克魯漢說：「媒體即訊息。」(Medium is the message.) 換句話說，

人類開發、使用什麼媒體這件事情的本身，就說明了他們所要傳達的意義，與訊息的本質。

那麼，我們開發網路、使用網路，又說明了什麼意義與本質？

聯結。

今天很多人認爲聯結就應該無所不聯。但，會不會是我們對爆炸的知識早已無所適從，因此，希望透過網路這樣的聯結，尋找到自己可以循從的一些路徑？——然而，我們以聯結爲聯結、爲聯結而聯結，結果卻反其道而行，形成一個更爆炸，更讓人尋找不到途徑的密林？

今天很多人認爲網路可以自成一個世界。但，會不會是我們對疏離的社會與感情早已無能爲力，因此，希望透過網路這樣的聯結，提醒自己需要多打開溝通與接觸的管道？——然而，我們卻反其道而行，沈迷進一個更隔絕，更隱蔽的世界？

所以，網路的技術越來越成熟，越來越可以把我們帶離眞實世界的同時，是否也越來越在提醒我們要回到眞實世界？人的世界？

我們看看學校的例子。

未來，在網路的發展下，教育的定義，老師的角色，都將發生革命性的變化。

老師「傳道、授業、解惑」的三個使命，必將有鉅大的變動。

由於閱讀的界面不再是紙張；由於知識的內容變動急劇；由於閱讀的方法不再侷限於文字；由於負責教學的「虛擬老師」永遠一天二十四小時待命又永遠耐心；由於網路上的知識整理與檢索系統都方便到另一個層次，因此，就知識的「授業」和「解惑」兩種層面來說，未來人類將爲網路所取代的可能性太大了。

這是網路在把我們帶離眞實世界。

不過，眞實世界裡的學校一定還是需要存在的，而老師眞正的任務，將在「傳道」——網路世界以外，以身作則的人格教育。

corbis

1940年及41年，二次大戰方酣之時，英德兩國為了破解對方的密碼系統，各自開發出最早的電腦。
1944年，第一台可供程式運作的電腦「馬克一號」(Mark I)。1946年，美國再由軍方開發出第一台全電子化的電腦ENIAC。上圖的這台ENIAC由18,000個真空管組成，功能則完全沒法和今天一台手提電腦比擬。

1950年代開始出現影印機。人類對於印刷的概念又產生了新的解釋。

corbis

Getty Images

網際網路的時代從1968年ARPANET開始，到1990年提姆．柏納李發明WWW而大盛，其間不斷加入各種景觀、途徑與工具。網路遊戲，則是現下極受歡迎的內容，然而和未來的發展相比，今天最炫的遊戲也將只是最原始的設計而已。

除了「博學於文」之外，顧炎武對讀書人曾經歸納的另外四個字「行己有恥」，可以視爲人格教育的一個基本要求。

這是網路在提醒我們要回到眞實世界。

在迎接網路時代來臨的時候，如果所有參予教育的人不作此想，只看到網路所代表的商機與所謂電子商務的利益，因而逼迫自己以及下一代以「知識經濟」之名，進行各種生存的訓練與衝刺（這種訓練與衝刺甚至往往必須不擇手段），這將是多麼偏差的一個開始？其害，則可能又不是一百年前我們把知識系統割裂爲「中學爲體，西學爲用」所能相比。

我們如果沒有具備對眞實世界新的認識，沒有具備對「人」的全觀認識，實在不足以進入未來以全觀爲本質的網路時代。

閱讀，即存在

所以，我們發現：我們站在一個關鍵點上。

這個關鍵點上，有機會，也有險惡。

機會是：網路所帶動的閱讀革命以及認知革命，還在一個方興未艾的階段。站在二十一世紀初，全人類都面臨著自己認知與準備的侷限。我們大可以期待在一個大家相當的起始點上，有一個新的出發。

險惡是：在資訊與知識如此爆炸，而我們自己對知識的認知與學習方法又因歷史的後遺症而不免偏狹時，我們很可能由於欠缺一套整理知識的立場與系統，而根本無從進入這個時代。

這是一個閱讀者的時代

時代的改變，是從閱讀的改變而開始的。

我們對閱讀界面的選擇，不論是短期的書籍，還是長期的網路，甚至由書籍而網路的進程與時間，本身就在形成我們的時代。

我們所掌握的閱讀系統與方法，本身就在形成我們在這個時代生存的能力及面貌。

閱讀和人類的關係，從沒有結合得如此密切，又變化出如此不同的面貌。

閱讀，不只是掌握知識的力量。

閱讀，不只是掌握財富的力量。

閱讀，即存在。

我們如何閱讀，如何存在。■

網路終將結合文字以外的聲音、影像、氣味、觸感，甚至意念，提供一種全新的感官經驗。這是從NASA試驗的虛擬實境的眼鏡中，望出去的一個景象。

對於未來的閱讀，虛擬實境只是一個最簡單的想像。2001年，一家以色列公司開發出一種可以幫助盲人和弱視者透過觸摸看到電腦圖像的滑鼠，盲人得以「看見」畢卡索的名畫和世界地圖，進入明眼人的世界。

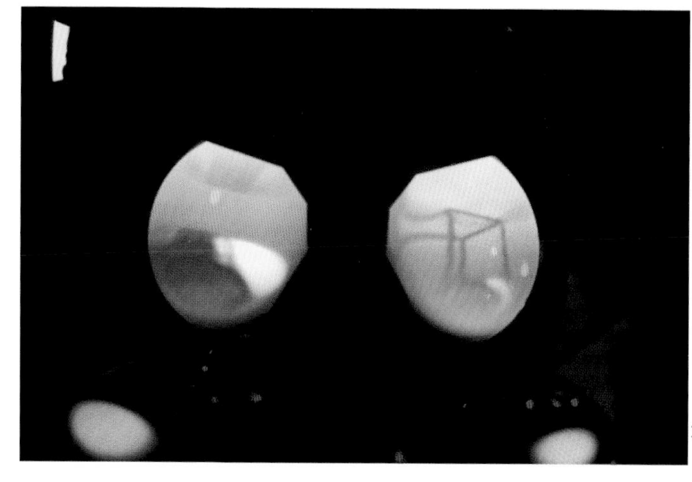

corbis

網路出現之後的閱讀

文——郝明義

先談一個經驗。

□

2001年 3月底，我參加倫敦書展。書展之後，有一個下午在大英圖書館讀書。

倫敦固然以陰冷聞名，那年又特別。書展會場，一位莫斯科來的出版同業就說眞不知道倫敦的三月可以冷到這種地步。

那天下午，卻是陽光明媚。所以到了大英圖書館外，沒有進去，先在廣場上曬着太陽小睡了片刻。

我去圖書館，一方面是慕名，一方面是

想找些書，為自己要寫的一篇文章找些資料。

要進大英圖書館的研究室，需要申請。他們問我有什麼要研究的主題，我說讀了些西方印刷術與西方文明關係的書之後，想來找一些中國印刷術和東方文明相關的閱讀。

圖書館新擴建過，透着天光的大廳，泛着光亮的大理石地板，十分怡然。

到樓上，進了研究室，卻又是另一種氣氛。減音的地毯，一排排卡片櫃，一些電腦檢索的螢幕，是最先映進眼簾的。再進去，就是一排排開架式的書架，和一排排閱讀檯。

有一位中文室主任，和一位日文室主任出來見我。

他們又再問一遍我來的目的。聽過之後，日文室主任走過書架，找了兩本書給我。中文室主任找了三本書給我，然後告訴我如果還要找相關的書，可以去書架的哪個區域尋找。

那天下午，我有一個深刻的感觸。

大英圖書館藏書之豐，不必多言。那兩人如果很輕快地指出幾千種，或上百種可能是我需要的書目，並沒有什麼了不起。

我佩服他們只推薦五本書。那不是草率，也不是武斷，而是一種對自己館藏圖書了然於胸的信心之中，還帶着對讀者的體貼。體貼讀者從最方便的入口進去摸索一條閱讀的途徑。英文所謂的librarian，中文譯為「圖書館員」實在有所不足。

當然，也因此聯想到：不是每個地方都有一個大英圖書館，也不是每個圖書館裡都有那麼專業又體貼的librarian，那麼我們可以如何彌補這些不足？

□

網路走進每個人的生活之後，閱讀這件事情發生了無從形容的變化。

首先，文字的閱讀成了無所不在的事情：在自己辦公桌的電腦上、在網咖裡的電腦上、在隨身的notebook上、在連線的電腦遊戲上、在手機的簡訊上、在PDA的螢幕上、在平板型電腦上，在兒童的電子書包上……各種信息、知識，無時無刻不在供應。我們無時無刻不在閱讀。

第二，文字的寫作也成了無所不在的事情：我們一面無時無刻不在閱讀，也一面無時無刻不在寫作。公事來往要寫E-mail，私人書信要寫E-mail，在網路上發表短篇文章、長篇著作，寫message board，寫chat，forward信息給朋友，寫PDA記事，寫手機簡訊……每個人都無時無刻不在回應各種信息和知識，無時無刻不在寫作，提供他人閱讀的素材。

在網路和生活如此結合的今天，大家經常問兩個問題。其一，是應該如何看待，如何使用網路與書？

我覺得從許多層面來說，今天的網路，就像是一個圖書館，肯定遠比大英圖書館規模更大的圖書館。如同我前面所說，任何一個圖書館，最重要的是可以提供你幫助的librarian。

網路上當然可能遇上很好的librarian，但是，非常需要機緣和運氣。不過，由於這個巨大的圖書館是攤開來，展現在每個人眼前的，爲每一個人所擁有的，所以，有一件和實體世界不同的事情是，我們有機會鍛煉自己成爲一個逐漸可靠的librarian。

在鍛煉之前，我們對網路與書這兩種不同的知識載體的功能，需要了解。

大英圖書館

我自己用的比擬是：在閱讀的世界裡，使用傳統的紙本書籍，像是步行走路；使用網路，像是駕駛汽車。

有了汽車，沒有理由不使用這種交通工具的方便；但有了汽車之後，也不表示每個人都不需要走路。重要的是如何適當地交互使用。

用旅行來舉個例子。有了汽車之後，（除非有特殊目的）堅持要去千里之外的一個地點也要步行，是浪費時間；但是到了目的地，只開車晃個一圈，不肯自己下車，尋幽探微，也是浪費時間。

（我自己因爲小兒痲痺，必須使用拐杖走路，過去沒有網路的時代，不論去圖書館，還是空間狹小，需要攀上蹲下的舊書店，都很不方便。因此在網路興起後，特別感受到汽車出現的欣喜。然而使用網路買到1911年版的《大英百科全書》，把書捧在手裡時，那種欣喜又是不同的。）

□

網路時代，大家經常問的第二個問題，是習慣使用網路的下一代，會不會遺失許多過去閱讀書籍的那一代的優點？大家擔心網路挾帶着大量影像、聲音，會不會徹底破壞

攝影／何經泰

文字的閱讀。

曾經，每一種走入人類生活的科技出現，都對傳統的書籍閱讀這件事情產生重大的衝擊。電話誕生時如此，電視走入家庭時如此，但，沒有任何事物掀起的波瀾是可以和網路相比擬的。

的確，今天由於網路的風行，文字以外的閱讀與溝通正在方興未艾。網路出現，原始的出發點雖然是爲了方便文字的交換與傳播，但卻註定要提供一個文字以外的閱讀與溝通的過程。連線網路遊戲只是一種最原始也最粗糙的呈現而已。何況，除了聲音與影像之外，未來連氣味、觸感，甚至意念，都將結合進網路。

從某個角度而言，我們的確是進入一個和過去截然不同的全新時代。種種全新的發展，難免令我們忐忑不安。

但是換一個角度來看，我們也可能是回到過去，恢復一些被壓抑了許久的需求。

□

人類有文字，不論中西，大約都是五千年左右的事；有紙張，大約二千年的事；有印刷在紙張上的書籍來供閱讀，中國大約一千三百年，西方大約五百年的事。總之，在人類演化的四百萬年歷史中，閱讀文字，尤其是閱讀書籍中的文字，是極爲短暫的事情。在文字與書籍出現之前，人類的「閱讀」並不是不存在的——只是以聲音、圖像、氣味、觸感，甚至意念而存在。

人類演化了幾百萬年才在最後的五千年出現文字，以及其後更近的時間出現書籍，有其歷史的必然；但是人類在習慣於這五千年的發展之後，又要企圖擺脫文字與書籍閱讀的限制，也有其歷史的必然——回歸與恢復基因中某些作用的必然。

網路，只是一種最新、最方便的科技，喚醒了這個需求。

所以我對伴隨網路時代而來的圖像閱讀、影音閱讀、多媒體閱讀等等，沒有那麼悲觀。因爲這不是人類沒有過的經驗，更不是人類不需要的經驗，只是過去幾千年被壓抑後的釋放而已。

我們需要擔心的，不是這些發展會不會破壞文字的閱讀，而是如何讓文字閱讀配合這些閱讀維持住一塊完整的空間。

如同學會汽車駕駛之後，仍然維持步行、登山的習慣。

如同在一個喧嘩熱鬧的大都會裡，仍然維持一個大廳透着天光，大理石地板泛着光亮，可以讓我們怡然、安靜下來的圖書館。■

Check Point 3

Reading Maps 一個有待補充的筆記

第1階段：輝映

（公元前四十世紀到公元前四世紀）

中國文化與閱讀大事

中國最早的製墨方法，據說是東漢書法家韋誕（公元179～253）所用，載於後魏賈思勰的《齊民要術》中，也因此，照傳統說法，韋誕是發明墨的人。
但從物證和文獻中的考據，可以知道墨的使用早於之前許多。商代一些以筆墨書寫的甲骨文是一證。「墨」的原始字形，最早出現在西周青銅器的銘文中，但指的不是書寫的墨，而是指黥面或刺青的刑罰。文獻裡最早提到墨的書寫使用，則是在《莊子》。

周宣王（前827~782）的史官史籀整理文字，創「大篆」字。
秦朝統一六國後，為了「書同文」，創「小篆」字。不久，因為政務多端，文書日繁，程邈在小篆的基礎上，改良成更方便書寫的「隸書」字。隸書一直通行到東漢。
漢末魏初，王次仲創「楷書」字，成為中國人通用至今的書寫方法。
到了宋朝，由於印刷術發達，誕生了橫平豎直的印刷字體，是為「宋體」字。（宋體字的發展定型於明朝，因此日本人稱之為「明體」字。）

照傳統說法，秦朝的蒙恬是毛筆的發明人，這種說法出自《古今注》。但是從考古文物中可以證明，毛筆在秦之前很久就有了。商代的甲骨文裡，已經有人使用筆墨來書寫。而且甲骨文中已經有「筆」的象形字「聿」，所以在商代已經有毛筆是可以肯定的。
蒙恬應該是毛筆製作工藝的改良者，據說，蒙恬是在趙國生產最好兔毛的中山地區，取其秋兔之毫而製筆。

前2600 黃帝史官倉頡造字

前1300 青銅器上出現鑄刻文字，後稱「金文」。

商朝出現甲骨文

4000BC.	3000BC.	2000BC.	1200BC.	1100BC.	1000BC.	900BC.
			商	西周		

以歐洲為主的其他地區文化與閱讀大事

前2500 愛琴人已經在希臘和克里特島十分活躍。克里特文明達於高峰。

前2100 巴比倫帝國漢摩拉比主政時期，出現漢摩拉比法典。

前1400 克里特文明毀滅。

前1200 亞利安人開始活躍，有豐富的吟唱、朗誦的傳統。

前第十一世紀 阿拉米文字出現，是為希伯來文字及阿拉伯文字的源頭。

前第十一世紀 印度：《梨俱吠陀》

前第十世紀 荷馬兩部史詩《奧德賽》與《伊里亞德》大約成於前八世紀，這時的希臘人還沒有文字。

公元前1200年腓尼基人發明出拼音字母，對接下來的各種拼音文字影響重大。
之後，在公元前1000年左右，閃米人發展出阿拉米文字，成為日後希伯萊文字和阿拉伯文字的源頭。
公元前600年左右，希臘人建立自己的文字系統，成為日後拉丁字母的源頭。
公元前400年左右，羅馬人建立了拉丁字母系統。

公元前4000年左右，蘇美人在兩河流域發明楔形文字，是現存人類最早的文字。
遊牧民族閃米人（希伯萊人和阿拉伯人的共同祖先），後來征服兩河流域，學習蘇美人的楔形文字。其中一支往地中海開拓的閃米人，又稱腓尼基人，在公元前1200年發明出拼音字母。

300到400萬年前，原始人類出現。

公元前3000年左右，埃及人開始使用象形文字，但是後來中斷失傳，一直到十九世紀初葉才又重新為人解讀出來。埃及最早的文字，刻在墓裡的壁上，或是在石棺的內蓋上，後來則書寫在紙草（Papyrus）捲上，陪葬用，所以叫作《亡者之書》（Book of the Dead）。
現存最早的紙草捲在公元前2000年左右。

春秋時代使用竹片與木片書寫。竹片叫「簡」，主要用來寫書。木片叫「方」，主要用來寫信。編簡用的帶子，有絲的，有皮的。
大約在竹簡和木牘盛行的同時，也有人以絲織品來當作記錄文字的材料，這樣寫出來的書稱之為「帛書」。從春秋到西晉末期，一直有人在絲帛上書寫。
帛書，則是用卷軸方式保存。紙張出現之後，有很長時間也是用卷軸方式成書。
唐代發明雕板印刷之後，出現一些新的裝訂方法，但是到宋代出現「蝴蝶裝」(書本打開後左右兩頁像是蝴蝶一般之謂)，才定下書籍的裝訂型態。

前484 62歲的孔子周遊列國後回到魯國，開始編輯《詩》、《書》、《禮》、《樂》、《易》、《春秋》。其中《樂》失傳。
與孔子大約相當時間，老子著《道德經》。

戰國時代私人著書立說之風開始盛行，形成「諸子百家」，私人藏書之風也開始形成。
這個時期的思想著作有《墨子》、《莊子》、《孟子》、《荀子》、《管子》、《韓非子》等；文學有《離騷》；史學有《國語》、《戰國策》；軍事有《孫子兵法》；醫學有《黃帝內經》等。

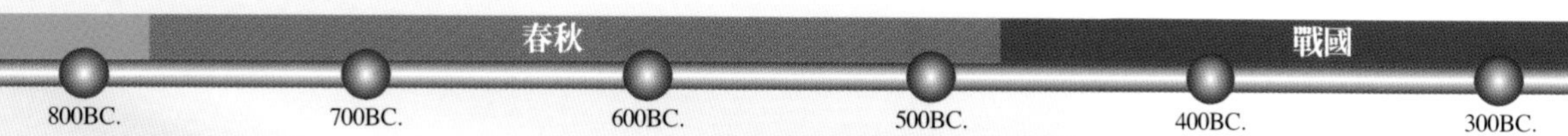

前850 腓尼基人在迦太基建城。

前745 亞述人征服巴比倫，建立新亞述帝國。

前第七世紀 雅典、斯巴達等希臘城邦開始建立

前600~500《伊索寓言》

前521 大流士建立波斯帝國

前491 大流士進攻雅典，開始波斯與希臘的戰爭，之後，由於雅典毀於波斯人手中，佩利寇（Pericles）從灰燼中重建雅典，之後，再有蘇格拉底、柏拉圖、亞里士多德等人傳承理性與科學的探尋，雅典成為文化與知性的中心。

前第五世紀
希臘文字系統建立，成為拉丁字母的源頭。從紀錄中可以得知這時他們已經大量閱讀，並且雅典已經有書的市場。

前544 釋迦牟尼去世。

前438 希羅多德來雅典講他的《歷史》。

大約在公元前第五至第四世紀之間，希伯萊聖經，也就是《舊約聖經》寫成。
《聖經》成為西方最早也最重要以文字來結合人心的呈現。

前399 蘇格拉底以「擾亂民心」為由被處死

前387 柏拉圖成立學院，追求科學與哲學，提供數學理論發展的環境。

前384 亞里士多德誕生

前350~300 印度：《摩訶婆羅達》

前334 亞歷山大從馬其頓開始出擊波斯，開展一個新的帝國

前323　亞歷山大大帝死。死後帝國分崩，其中，他的部將托勒密取得埃及。托勒密熱愛知識與文化，把埃及的亞歷山大建設成一個輝煌的文化中心，不但有宏偉的博物館和圖書館，也吸引了諸如歐幾里德、希洛、阿幾米德等許許多多科學家與文學家前來研究，繼雅典之後綻放出各種思想成果，為一千年後的文藝復興時代做了基礎工作。

第2階段：波動

（公元前三世紀到第六世紀）

秦始皇「焚書坑儒」，除秦國史書和醫藥、占卜、農業書籍以外的書籍，民間藏書均需交出燒毀。等到秦末，項羽攻進咸陽燒阿房宮，秦朝官藏的書籍也化為灰燼，中國古代文化典籍遭到一場浩劫。

前140 漢武帝以建元為年號，中國皇帝開始有年號。漢武帝時期，「罷黜百家，獨尊儒術」。設太學，太學附近出現最早的書肆。

劉邦在長安未央宮內收藏各地所獻秘藏之書，以及入關時所得秦代圖書，是中國歷史上有關國家藏書的最早記載。
漢朝辭賦體創作興盛。

前26 漢成帝訪求遺書，劉向、劉歆父子受命主持校理群書，為中國歷史上大規模整理圖書之始。整理後的圖書內容成《別錄》與《七略》，成為中國古典目錄學奠基之作。書之稱「本」，始於劉向。校讎（又稱校勘）之學，也始於《別錄》：「一人讀書，校其上下得失謬誤，為校；一人持本，一人讀書，若怨家相對，為讎。」《別錄》與《七略》原書均已失傳，只能從清代輯佚本中窺其概略。

91 竇憲大敗北匈奴，北單于僅以身脫。此役之後，匈奴不能在漠北立足，只得西逃，三百年後移至黑海，引起骨牌效應。原住黑海北岸的西哥德部落，西侵多瑙河上游；原住多瑙河上游的汪達爾部落，西侵羅馬帝國。這些蠻族終導致羅馬帝國的滅亡。

中國第一部詞典《爾雅》在漢朝成書。

揚雄撰《方言》，為中國最早的方言詞典。

秦統一六國 前221 為了「書同文」，創「小篆」字。再改良成更方便書寫的「隸書」字。隸書一直通行到東漢。

前214 開始建萬里長城

前200《周髀算經》成書，中國現存最早的數學著作。

前119 衛青、霍去病對匈奴贏得決定性戰役。

前138 張騫出使西域，12年後回來。

前191 廢止秦代不准藏書的法律。

前91年 司馬遷撰《史記》，為中國第一部紀傳體通史。

前一世紀 佛教傳入新疆于闐。

東漢時代 開始翻譯佛經，《四十二章經》是現存佛經中最早的譯本。

100 許慎開始撰寫中國第一部字典《說文解字》，歷時21年成，收9,353字。

83 班固撰《漢書》，為中國第一部紀傳體斷代史書。

戰國　秦　西漢　新　東漢

300BC.　200BC.　100BC.　1　100.

前264 羅馬與迦太基戰爭開始

前218 迦太基將軍漢尼拔，率軍越過阿爾卑斯山進攻羅馬

前202 漢尼拔戰敗自殺

前三世紀 拉丁字母系統形成

前263 印度阿育王皈依佛教，親民愛物。

前146 迦太基被羅馬滅城，腓尼基人消匿。

前一世紀 羅馬的文學大盛。羅馬人也像希臘人一樣使用紙草卷。

前44 凱撒被刺

前31 埃及女王克麗奧佩特拉自殺，托勒密王朝滅亡。

前30 渥大維被尊「奧古斯都」，羅馬共和國成為羅馬帝國。

前4 耶穌誕生

5 羅馬詩人奧維德寫《變形記》

30 耶穌被釘十字架

公元前二世紀 小亞細亞的波加蒙（Pergamum）國王也想在他的城裡建一個圖書館，但是托勒密王朝不想有人威脅到亞歷山大圖書館的地位，所以禁止出口紙草。波加蒙國王不氣餒，開始用動物皮來做書寫材料的實驗，結果成功地發展出所謂的羊皮紙(Parchment)。羊皮紙由於可以兩面書寫，便於保存，又適合裝訂成冊，因此反而取代紙草，成為西方接下來主要的書寫載體。

公元前47 凱撒攻下亞歷山大後，托勒密好不容易藏書百萬卷紙草卷的亞歷山大圖書館，被付諸一炬。其中最令人心痛的是三十卷的《古埃及史》就此失傳。《古埃及史》是埃及祭司馬內松應托勒密要求而寫，不但記載遠古事件，也敘述了民間習俗和信仰。部份可歸因於此次破壞，所以到公元五世紀左右的時候，埃及已經沒有人可以辨認自己的文字了。埃及文字得以再被解讀，要再等一千四百年，到十九世紀。

105 東漢和帝時期，蔡倫在前人基礎上，用樹皮、麻頭、破布、舊魚網當原料，造出真正可供方便書寫，又能大量生產的紙張，是為「蔡侯紙」。由於「帛貴」而「簡重」，紙張「自是莫不從用焉」。不但如此，這也是世界造紙之始。
東西方學者都有人把埃及人最早使用的「紙草」與「紙」混為一談，而對中國發明造紙之說存疑，但紙草是天然植物加壓而成，紙則是「以纖維體經過化學過程而製成，二者雖名似而實異。」

東漢末年以及三國時代，由於戰亂頻仍，國家藏書在大亂中損失慘重，社會動蕩不安，著作也少。

公元三世紀 王次仲創「楷書」字，成為後來中國人最通用的書寫方法。

208 赤壁之戰

公元二世紀末
中國開始使用算盤。

西晉時，朝廷大力收集典籍，荀勗把書籍分為經子史集四部。東晉初年，李充在荀勗的基礎上制訂《四部書目》，改序列為經史子集，後世目錄均由此而來。

304五胡亂華開始，中國進入漫長的黑暗期

383 淝水之戰

南北朝 南北朝對立，各地混戰、暴虐之情不斷，中國的黑暗期持續。但佛教大盛，與儒道二教鼎足而立。北朝時，儒道以華夷之辨而攻佛。之後，興佛滅佛再三。

劉義慶著《世說新語》
酈道元著《水經注》

代人抄書為業的人從東漢起就有，到隋朝發展蓬勃。
隋文帝篤信佛教，曾命人抄寫46藏，共13萬餘卷。隋煬帝時，則「好聚逸書」。

605 開運河

隋 581～618 歷經將近三百年的分離隔絕之後，隋朝將南北中國統一。之所以能如此，不能不歸功於中國的「書同文」。

三國　西晉　東晉　南北朝　隋

200.　300　400　500　600

192 羅馬皇帝康摩達荒虐，被元老院絞死。其後各地羅馬軍隊各立其帝，互相攻戰。次年雖然由塞弗拉斯掃平群雄，入主羅馬，但已元氣大傷。

217～270年之間的54年
三十任羅馬皇帝只有一人善終。羅馬帝國式微。

在西方，使用紙草的時期，以及早期羊皮紙發明出來的階段，也都是用捲起來的方式（類似中國的卷軸裝）。到公元一世紀末的時候，基督徒的力量逐漸上揚。各地的教會對閱讀不但有需求，並且希望閱讀聖經能不同於閱讀紙卷方式的書——他們覺得由紙莎草紙而來的紙卷方式，有異教徒的味道。於是從公元第二世紀開始，將一頁頁羊皮紙裁成同樣大小，裝訂成冊，這樣裝起來的書，就叫Codex。成為日後西方書籍裝訂型態的源頭。Codex這個字，指裝冊的手稿，來自於拉丁字Caudex，樹幹的意思。

285 百濟王國遣使日本，帶去《論語》、《千字文》等書，中國文字傳入日本。

第四世紀 造紙術由中國傳入朝鮮。

324 羅馬君士坦丁大帝即位。歷經數世紀對基督徒的迫害後，羅馬出現第一個接受基督教的君主。基督信仰開始大興。

380 基督教被定為羅馬國教，不久，Codex已經全面取代紙草卷的閱讀。

395 羅馬帝國中間部份的國土為北方蠻族所佔，無力收回失土，分裂為東西羅馬帝國。

第四世紀開始 北方來的蠻族破壞城池，也破壞了一般人的閱讀。同時，掌權的基督教也不容許一般文學創作與閱讀，視為異教徒的文學。自此，歐洲進入長達一千年的黑暗期。

476 西羅馬帝國滅亡。

512～513 阿拉伯文字出現

568歐洲各地社會秩序混亂，基督教羅馬城主教逐漸替代羅馬皇帝，成為安定力量，被尊稱為「教皇」。

第六世紀 歐洲開始使用鵝毛筆寫作

第3階段：消長
（第七世紀到十五世紀）

進入唐朝後，太平盛世，不論是科舉還是文學創作所需，都使得抄書業再進一步發展，專以抄書為職業的人叫「經生」。
這麼龐大的抄書與閱讀需求，到七世紀末，武則天當權左右催生了雕版印刷術，為世界雕版印刷之始。
雕版印刷之後，開始有「版本」的名稱，版本學也成為目錄學的一部份。

751 高仙芝率七萬人與大食國（回教國家）二十萬人交戰，戰敗。從此唐朝無力再向西開拓疆土，大食國也打消征服中國的念頭。唐朝軍隊被俘的人中有造紙工匠，造紙術因而傳入撒馬爾罕（今天烏茲別克境內）。9世紀傳入大馬士革，11世紀傳到埃及，之後再傳到西班牙。義大利、法國在13世紀開始造紙，德國在14世紀。便宜而大量供應的紙張出現後，才為古騰堡在15 世紀使用活版印刷奠定了基礎。
至於英國，是在15世紀末，美國在17世紀初才紛紛開始造紙。

五代 馮道，做過後唐、後晉、後漢、後周四個朝代七個皇帝的宰相，是歷史上的奇人，在後唐時期奏請由國子監用雕版刻印儒家經書。這是中國歷史上第一次由政府主辦出版活動，也是儒家經典第一次開雕。有很長一段時間，馮道被認為是發明雕版印刷的人，但是後來隨著許多證據的出土，證明他只是發現雕版印刷的價值，以宰相之尊而首開儒家經典的大量刻印而已。共刻成《九經》全書及《五經文字》、《九經字樣》。

宋 開國之後，一方面承接之前的發展，一方面重文輕武，有蓬勃的思想與文學創作，因此進入出版印刷新的高峰。政府設國子監，以官刻本帶動家刻本與坊刻本的發展，刻印書籍不僅及於儒家經典，還遍及正史、諸子、各種類書，以及佛道藏經典。第一部雕版《大藏經》，就是宋太祖時期印行的，世稱《開寶藏》。《開寶藏》之後，各大寺院競刻《大藏經》。
靖康之亂後，國子監所有版本，全數為金人所掠。所以真正的北宋版本傳世不多。
宋朝也誕生了橫平豎直的印刷字體，是為「宋體」字。

627 玄奘赴西域取經，歷時19年後回到長安，之後完成75部佛經之翻譯，並建立起十道手續，十個部門的嚴密譯經制度。玄奘是中國歷史上最偉大的翻譯家。

710 劉知幾撰成《史通》，為中國第一部系統、完整的史學理論專著。

737 李白作<將進酒>

755 安史之亂，歷時9年，唐朝元氣大傷。

768 杜甫作<喜聞官軍已臨賊境二十韻>；韓愈出生。

806 白居易作<長恨歌>

874 黃巢之亂

935 少年家貧的毋昭裔當上後蜀軍相，出資百萬在四川開館雕《九經》，953年完成。毋氏書籍遍銷海內，可以稱得上中國第一個賣書致富的私人出版家。

940 白鹿洞書院成立，之後有嵩陽書院、嶽麓書院、應天書院。書院也刻書，比較精善。

唐　五代　北宋

600　700　800　900　1000

第七世紀 七世紀，造紙術由朝鮮傳入日本。

622 穆罕默德逃到麥加避難，回教紀元開始。

634 穆罕默德以區區三、四千人的軍隊起兵。在接下來一百年間，回教建立了一個橫跨中亞，北非及西班牙的大帝國。回教的東征西討與擴大版圖，帶動了東西各種文化的交流。

650 可蘭經以阿拉伯文字記錄下來

日本在八世紀中葉發明日文片假名，平假名。

768 查里曼成為法蘭克國王，想要重振羅馬帝國雄風，800年，被封為西羅馬帝國國王。查里曼重視文化與教育，請學者制定一種特別的加洛林書寫字體。每個字相互獨立。是後來羅馬體的源頭。
查里曼大帝有鑑於各種手抄本書籍中不免疏漏，並且以訛傳訛，為了清本正源，因此要僧侶鑒別出各種書籍最早最權威的版本，然後根據這個版本，用他所制定的加洛林字體，精心謄寫，然後打上特殊標記，表示這是精確複製的版本。

978~1031 日本：《源氏物語》

第十世紀 土耳其人越來越雄壯，而回教力量則式微

907～960 阿拉伯故事《一千零一夜》的年代

1041～1048 畢昇發明膠泥活字印刷術，為世界最早的活字印刷術。有關畢昇的發明，見於宋朝沈括所著《夢溪筆談》。他印刷出來的書籍不見傳本，本人生平也別無其他文獻可考。使用畢昇方法印刷的書籍流傳下來的也很少，1989年在甘肅發現的西夏文《維摩詰所說經》（下卷殘本），是採用畢昇的膠泥活字印刷。

1074 蘇東坡作<水調歌頭>

1069 王安石變法，六年後下台。

1066 司馬光主編《資治通鑑》，歷時18年成，是中國第一部編年體通史巨著。1086年奉旨下杭州雕版印行。

1024 紙幣『官交子』發明

977～1013年 李昉、王欽若等奉敕撰修《太平御覽》、《文苑英華》、《冊府元龜》、《太平廣記》，歷時36年而成，史稱「宋四大書」。

宋代以程頤、周敦頤，朱熹而發展出理學，強調「義理」。
與朱熹同時代，另有陸九淵提出不同主張：「心即是理」。

1205 辛棄疾作<永遇樂>

十三世紀開始，成吉思汗以及他的後代建立起一個橫跨歐亞的龐大帝國。之前，歐亞兩洲之間橫埂著一個難以去除的壁壘，那就是回教世界。蒙古人的鐵騎雖然讓歐亞大陸震慄，但也幫這兩個大陸橫掃了中間的障礙。中國的印刷術有一個說法是在這個時候經由蒙古人傳入歐洲。

1298 王禎研究改進畢昇的膠泥活字，創造了木活字。

1275～1295 馬可孛羅來中國

元 書坊刻書的盛況，更勝宋代。

羅貫中在元末明初寫《三國演義》

明 朱元璋定「八股」科舉，規定在四書五經中出題，因此要依照題義揣摹古人語氣，代替古人說話，絕不准發揮自己的意見。因此顧炎武說：「八股之害，甚於焚書。」另外，明初文字獄泛濫，都對思想與言論形成扭制。

1472～1528 王陽明以陸九淵之傳承，另起心學。影響明代深遠。

中國的銅活字印刷，創始於明代中葉。

1403 解縉等纂修《永樂大典》，至永樂六年成為中國古代最大的一部百科全書式的類書。

南宋　元　明

1100　1200　1300　1400　1500

1095 為了解救被土耳其人佔領的耶路撒冷，十字軍東征開始

12世紀開始 教會力量式微。

1113 柬埔寨開始建造吳哥窟

十三世紀 回教徒攻入印度，當時印度佛教的重要中心，如超戒寺等佛教大學全部遭受徹底破壞。其中堆積如山的龐大經典、圖書、文獻，全部被焚毀。印度本土的佛教，也因而宣告滅亡。

大約十三世紀中期 中國的活字印刷傳入高麗，朝鮮最早發明了金屬活字印刷術。

1209 英國劍橋大學建立

1215 英格蘭國王暴虐而無能，貴族教士聯合起來逼他簽署大憲章，保護人民基本權利，是人類有憲法之始。

1265 英王屢次違反大憲章，被囚禁，由教士、貴族、平民代表等成立議會，世界有國會自此開始。

1265～1321 義大利：但丁的《神曲》

歐洲在十四世紀末的時候，也曾使用雕版印刷，但因為每版印刷數量有限，字體雕刻品質不佳等問題，並沒有流行。

1313～1375
薄伽丘的《十日談》

1450 世宗大王發明韓國文字。

第十五世紀初 書寫字體在佛羅倫斯臻於完備，成為羅馬體的基礎，也為日後手抄本及印刷字體定下基礎。同時，比羊皮紙便宜許多的紙張，大量供應，廣泛使用。為印刷術出現做好準備工作。

1453 東羅馬帝國亡

1492 哥倫布發現新大陸

十六世紀初 達文西、米開朗基羅、拉斐爾紛紛進入創作的高峰。為文藝復興時代揭開序幕。

1455年 古騰堡開始活版印刷之後，對民智的開啓自是必然。即使是宗教信仰，人民也發現上帝的意旨無須一定要透過僧侶的傳授，而可以透過閱讀來進行。歐洲的宗教改革與文藝復興，都和印刷術的出現密不可分。
印刷術也在歐洲各地促成以自有民族語言書寫出版之風氣，因而到十七世紀左右，不但各民族語言都演化出現代的形式，曾經被視為國際語言的拉丁語則消聲匿跡。後來，等到小說也以印刷出版型態而流通廣布之後，各民族的語言不但更進一步和人民的生活結合，也導致自有的國家意識與國家主義抬頭。十七世紀的莎士比亞、米爾頓等文學作品剛出版的時候，印刷大多不甚講究，小說和戲劇的出版，要到十八世紀才大盛，可以和這個趨勢相印證。
另一方面，活版印刷開始之後，各種印刷字體紛陳。出版者各自發展自己印刷字體的風氣，持續了數百年，要到十九世紀末才有改善。

第4階段：另一番消長

（十六世紀到二十世紀）

明末顧炎武心痛有明一代深受心學空談之害，提出「博學於文」的主張。

明代嘉靖、萬曆之後，社會環境比較開放，私刻書遠盛於以往任何一個朝代，印刷技術也進一步發展。但坊肆林立，汗牛充棟，品質則不如宋元刻本。由於刻書趨利者衆，不但校刊不夠精細，許多書籍甚至擅改內容與書名。因而後來有一說：「明人好刻書而古書亡。」

1582 利瑪竇來華，打開近世中國與西方接觸的一面窗戶。他帶來《萬國輿圖》，從此中國始知五大洲。之後與徐光啓合譯希臘數學家歐幾里得所著的《幾何原本》前6卷，為中國最早翻譯出版的西方數學專著。
西方知識與中國之交流，一直持續到清朝康熙年間。

1596 李時珍編纂《本草綱目》成書刊行。

1562 范欽在浙江創建「天一閣」，藏書之富，首屈一指。之後雖歷經劫難，至今猶在。

吳承恩寫《西遊記》

施耐庵在嘉靖年間寫《水滸傳》

清 清朝建國之後，在思想上以高壓與懷柔並治。
清代學人一方面受限於政治之束縛，一方面亟思擺脫明代心學空談之流弊，因此全力將心思朝書本上鑽研，以便「實事求是」。於是到乾隆年間，考據成為清代主流知識。

明末，馮夢龍首開通俗文學整編之風。

1679 蒲松齡：《聊齋》

1656 鄭成功把荷蘭人逐出台灣

1637 宋應星編撰的《天工開物》刊行，為中國第一部綜合介紹工業、農業技術的專書。

1624 荷蘭人登陸台灣

1623 艾儒略撰《西學凡》，介紹歐洲辦學育才之法，是西方教育學傳入中國之始。湯若望著《遠鏡說》，是西洋光學傳入中國的第一部書。

西洋文化與知識，到康熙年間還一直透過傳教士進入中國，1718年，康熙即用洋人測繪《皇輿全覽圖》。後來，因為天主教教皇敕令中國信徒不准祭拜祖宗，康熙就下令把教皇派來的公使送到澳門監禁。到雍正元年，更徹底把所有洋人都送往澳門監禁。中國自此與西方文化及知識隔絕兩百年。要到鴉片戰爭之後才有改變。
中國歷經由宋朝到明朝的理學、心學知識主流，再到清朝中斷與西方之互通，自己的知識主流又轉入考據，知識與閱讀走入一個窄巷，難以面對兩百年後與西方文化再度遭遇時候的震撼。

1787《四庫全書》成。

1728《古今圖書集成》完成。

1711 張玉書等編成《佩文韻府》。

1710 張玉書等開始編撰《康熙字典》。

明

1500 — 1600 — 1700

1500 英國開始使用鉛筆

1516 湯瑪士．摩爾發表《烏托邦》

1519 麥哲倫開始環球航行

1529 歐洲開始使用火柴，比中國大約晚了一千年

1532 馬基亞維利的《君王論》

1543 哥白尼逝世，所著《天體運行論》發表

1576 法國波丹（Jean Bodin）：《國事六講》，首先揭櫫西方民族主義國家的觀念。

1588 西班牙無敵艦隊進攻英國失敗，自是英國取西班牙成為海上強權。

1600 英國設立東印度公司；日本德川家康時代開始。

1603 莎士比亞：《哈姆雷特》

1603 培根開始寫《學習的進程》(Advancement of Learning)。

1517 馬丁路德點燃宗教革命，新教（基督教）興起，舊教（天主教）人士力圖振作，其中的耶穌會尤其熱心到美洲及亞洲這些有待開拓的地區傳播福音。這是利瑪竇等人在五十年後來華的一個源起。

第十七世紀 由於歐洲人帶來的傳染病，南美原有七百萬印地安人死到大約只有一百萬人。

1610 望遠鏡觀測天文（伽利略的六大發現）

1628 哈威(William Harvey)發表血液循環的理論

1635 日本驅逐所有外國人，開始鎖國長達215年。

1637 笛卡兒除了提出發展現代分析幾何的原理之外，提出「我思故我在」。

十七世紀 歐洲開始啓蒙時代，在文藝復興時代萌芽，但尚待發展的一些對人類理性、知識與自由的信仰，得以持續茁壯。這是歐洲在柏拉圖之後，第一次重新系統地重視人類思想與知識的本質，同時也啓發了後來的科學之發展。

1651 霍布斯：《利維坦》

1654 德國出現最早給兒童讀的繪本。

1656 惠更斯造成首座機械擺鐘

1661~1670 路易十四開始建凡爾賽宮。

1674 米爾頓的《失樂園》。

1687 牛頓提出力學三原理

1689 英國國會通過《權利法案》

1690 洛克：《政府論二講》

1694 萊布尼茲完成「萊布尼茲計算器」(Leibniz Computer)，可以反覆加法。萊布尼茲也是微積分的發明人.

1710 英國頒布最早的著作權法。

1735 第一部系統化介紹中國的《中華帝國志》，在巴黎印行。

1748 孟德斯鳩發表《論法的精神》

1752 富蘭克林進行風箏實驗，發現電。

1762 盧梭發表《社約論》

1771 大英百科全書開始出版。

1767～1769 紡織工業家艾克萊（Richard Arkwright）建立現代廠房的基礎系統；瓦特同時也大幅改良蒸氣機，開始為工業革命揭開序幕，進而促進之後的社會與經濟變化。

1859 美國印刷技師姜別利（William Gamble）在寧波美華書館改進中文活字規格，定出7種標準，奠定了中文鉛字制度的基礎。

1897 夏瑞芳、鮑咸恩、鮑咸昌、高鳳池等在上海創辦商務印書館，揭開中國現代出版之序幕。
1902年張元濟進館，奠定結合出版與文化的寬闊視野與格局；1912年陸費逵離館另創中華書局；1921年王雲五進館再為商務創造新的事業高峰，商務印書館的發展，在二十世紀前半葉為中國近代教育、學術、文化之發展立下里程碑。

1898 張之洞發表《勸學篇》，提出「中學為體，西學為用」，西學之中，再分「西政」與「西藝」，而「西政急於西藝」．當時面對排山倒海而來的西洋知識與文化，這種主張雖然有其迫於時勢的理由，但也從本質上造成了「中學」與「西學」的割裂，以及「西政」與「西藝」的斷章取義，深刻影響其後的中國教育與閱讀觀念。

1980 朱邦復在1973年開始研究中文輸入方法，6年之後推出倉頡輸入法，再後一年，與宏碁電腦合作推出「天龍中文電腦」，在中文世界裡最早實現也普及了電腦中文化。
大陸要到1985年才研發出第一台能夠處理中文的電腦，長城0520微機，輸入法則是用區位碼輸入。

1919 五四運動。為了追溯西方文化與知識的根源，因此提醒「德先生」與「賽先生」之認識．西方的自由主義與社會主義，分別正式引介進中國社會。

1791 《紅樓夢》首次用活字排印出版，從此《紅樓夢》得到廣泛流行。

1900 敦煌遺書被發現；八國聯軍攻入北京

1898 戊戌變法失敗；嚴復譯《天演論》

1895 馬關條約；康有為「公車上書」

1899 河南殷墟發現甲骨文，使商朝歷史研究有了可信的史料。

1879 中國開始有電報

1872 中國第一批留學生出國；上海設招商局

1862 清廷在北京設立同文館，翻譯出版西方著作。

1840 鴉片戰爭

1937 七七事變

1918 北洋政府教育部公布注音字母。

1917 商務印書館出版《辭源》，為中國新式辭書之始。

1912 中華民國成立

1958 中共人大通過「漢語拚音方案」

1954 大陸開始進行漢字簡化方案，1964 年編成「簡化字總表」。

1949 宇宙的大爆炸理論發展出來

1949 中華人民共和國成立

1997 香港回歸中國

1987 台灣解嚴

1977 大陸光明日報發表<實踐是檢驗真理的唯一標準>

1972 馬王堆漢墓出土

1966 文化大革命開始

清

1800

1900

2000

1776 亞當．斯密發表《國富論》，倡導自由貿易主義。

美國獨立

1781 康德提出《純粹理性之批判》

1808 歌德開始發表《浮士德》

1811 英國出現 Luddite運動，反制自動化所導致的工作機會的流失。

1812 黑格爾開始發表邏輯學三書

1815 拿破崙敗於滑鐵盧

1828《韋氏字典》開始編輯出版

1789 法國大革命，接著在革命與反革命的撞擊下，一些新的社會階層與閱讀需求興起，同時印刷技術也快速為大量生產的機器所取代。

1867 索利斯(C.L. Sholes)發明打字機，同年，盲人點字書出現。

1837 摩斯申請了電報的專利。

福祿貝爾在德國開設第一家幼稚園。

1840 給兒童看的圖書開始快速發展

1859 達爾文出版《物種起源》

1865《愛麗絲漫遊仙境》出版。同時，彩色印刷書開始登場，珂羅版印刷風行。禮物書也跟著興起。

日本開始明治維新

1876 貝爾申請電話專利

1878 蠟筆發明

1879 愛迪生發明電燈

1884 自來水鋼筆出現

1886 汽車內燃機發明

1887 柴門霍夫發展「世界語」

1895 盧米埃兄弟放映電影

1867 馬克思發表《資本論》，至1894年共發表三卷，其中後二卷是由恩格斯編訂完成。

1901 佛洛伊德發表《夢的解析》

1903 萊特兄弟第一次飛行

1905 愛因斯坦發表特殊相對論

1907 瑞士科學家皮亞傑從幼年起開始思考兒童發展學的研究。

1910~1913 羅素與懷特海發表三卷本《數學原理》，為數學提供了嶄新的方法論。

1913 普魯斯特開始發表《追憶似水年華》

1914 第一次世界大戰開始

1917 捷克劇作家卡培克(Karel Capek) 發表科幻戲劇《R.U.R.》，「Robot」（機器人）一詞首次出現。

俄國十月革命

1918 第一次世界大戰結束

1921 維根斯坦發表《邏輯哲學論》。

1890年代 英國人威廉．摩里斯（William Morris）發動新的出版理念。他有兩個主張對近代出版影響深遠：一，字體應該標準化，大家不要耗費精力各自開發各自的字體；二，書籍應該有整體設計的藝術，從封面到版型到字體到插畫應該有自己整體的概念。

1922 喬伊思：《尤里西斯》

1929 紐約股市崩盤，進入大蕭條

1932 英國的Albatross Books帶動了平裝本革命。

1938 原子筆發明

1940 二次大戰中，英國與德國相繼開發出電腦。

1945 日本無條件投降

1946 美國軍方開發出ENIAC電腦

1948 威納出版Cybernetics一書，是為「Cyber」一詞的濫觴。（參見本書第96頁）

1949 貝都因牧羊人發現《死海古卷》

1953 DNA雙螺旋組織發現

1958 數據機（Modem）發明

積體電路（IC）創造出來

1962 利克萊德第一次在一篇論文中提出把全球電腦連接起來的構想。（參見本書第98頁）之後，1964年由羅勃茲提出ARPANET的計劃。

1968 ARPANET開始實際運作，人類進入網際網路的時代。

1990 提姆．柏納李再把網路帶入WWW時代。

1961 蘇聯太空人加加林成為第一個進入太空的人類

1965 泰德．尼爾遜(Ted Nelson)提出Hypertext

1968 英格巴第一次展示滑鼠(Mouse)西方學生運動年代

1969 人類登上月球

1973 三百萬年前的人類露西（Lucy）的骨骸發現

1985 微軟推出Windows 1.0 版本

任天堂電視遊樂器上市

1991蘇聯解體

1992 蘋果電腦推出第一台名叫Newton的PDA。

1997 無人探測器登上火星

複製羊「桃莉」在英國誕生

2000 DNA密碼被破解

2001 義大利醫生安提諾瑞與美國科學家札沃斯聲明將於一年內製造出第一個複製人

1976傑伯斯和渥茲尼克成立蘋果電腦，蘋果一號個人電腦問世，開啓個人電腦時代。

有關閱讀飲食的十二事

文——郝明義
插圖——張妙如

1.

我們總要有個說法——就閱讀到底是一種什麼樣的行為這件事。

我自己喜歡說是「飲食」，給大腦的飲食。如果說一般飲食是供應我們軀體的養分，那麼閱讀就是供應我們大腦的養分；一般飲食我們透過嘴巴享用，閱讀飲食則是透過眼睛吸收。

2.

說起飲食，一個社會的發展，可以分三個階段。

第一個階段，是飲食匱乏，無從選擇，大家只求維持基本生存的階段。

第二個階段，是飲食富足，開始山珍海味，大吃大喝的階段。

第三個階段，是超越富足，開始培養美食家品味的階段。

閱讀這種給大腦的飲食，與此十分類似。一個社會的發展，可以分為這樣三個階段。

第一個階段，是閱讀的環境貧瘠。讀者走進這時候的書店，看不到多少種陳列出來的書籍，往往連一些經典的閱讀，也都只能在風中悄悄地傳說。

第二個階段，是閱讀的環境開始開放。這時候的書店，好像脫離一個食物供應不足，貨架上零零落落的商店，走進一個全世界食品、食材都匯聚一堂的超級百貨商場。各種補充過去閱讀空白的書籍傾巢而出，各種爭奇鬥妍的新理論新主張鋪天蓋地，各個商家價格與促銷手段令人眼花撩亂，但其中不免良莠不齊，魚目混珠。

第三個階段，是閱讀環境不但繼續開放，環境的品質也大幅改善。先進百貨商場裡的食材，不只在表面的種類上豐富無比，實際的品質也都普遍提升。這個社會裡的讀者走進書店，已經不為書籍新奇的號召而動心，也不為作者的名氣所迷惑。他所重視的，是如何恰當地獲取自己所需要的營養，如何從看來平淡的飲食中體現美食家的品味。

3.

社會閱讀的發展，如此。至於個人閱讀的發展，有相同之處，也有相異之處。

相同之處，在於個人的閱讀也可以分為三個階段來談：第一個相對比較貧瘠的階段；然後進入第二個大吃大喝，無所不讀的階段；然後進入第三個，培育出自己個人品味的階段。

相異之處，在於個人閱讀這三個階段的進程，完全操之在己。因此，固然有時候社會整體閱讀環境雖然仍舊停在第一個階段，但是某些人自己的閱讀卻早就進入了第三個階段；也有時候雖然社會整體閱讀環境已經進入了第三個階段，但是某些人自己的閱讀卻可能仍舊停留在第一個階段。

4.

要檢視自己的閱讀飲食到底是處於哪一個階段之前，應該先了解閱讀的飲食分為哪些種類。

我們先看看日常飲食裡的例子。不外四種。

第一種，是主食，像白飯、炒飯、炒麵、水餃、饅頭等等，讓我們吃飽。

第二種，是美食，像魚、蝦、牛排、大閘蟹等等，給我們補充蛋白質的高營養食物。

第三種，是蔬果。蔬菜水果，幫助我們消化、吸收纖維質。

第四種，是甜食，像飯後的蛋糕、冰淇淋，或日常的糖果、零食等等。

給頭腦的飲食，也可以分成四種。

第一種閱讀，是為了解決某種實際問題的知識需求。很像可以吃飽的主食。為了使人生過得更美好，在學業上、工作上、生活上，在生理上、心理上，我們有各種知識的需求。學生讀教科書；上班族讀企管書、學習電腦書、學習語言書；各種如何與家人相處、與同事相處、如何上進的勵志書等等，都屬於知識類需求。知識，是隨時間、空間而不停變化的。滿足這種知識需求的書籍有一個很大的特色，就是在某段時間或某個地區的需求會很大，但過了那段時間，或是出了那個地區，其主題就不符需求，或不再引人興趣。對高中以下的學生，教科書就是個例子，在學校裡一天不讀都不行，出了校門畢了業，就沒有人再回頭讀它。對上班族來說，Y2K 是個例子，1999年12月31日之前，這類書的需求極爲高昂，但過了2000年1月1日，就沒有人再加理會。

第二種是爲了思想的需求。很像補充蛋白質高營養的飲食。這種閱讀，是爲了體會人類生命深處的共鳴，思想深處的結晶。讀文學、哲學、藝術、科學等等，都屬於思想類需求。思想需求的書籍也有一個很大的特色，就是其價值不受時間與空間限制，歷久而彌新。

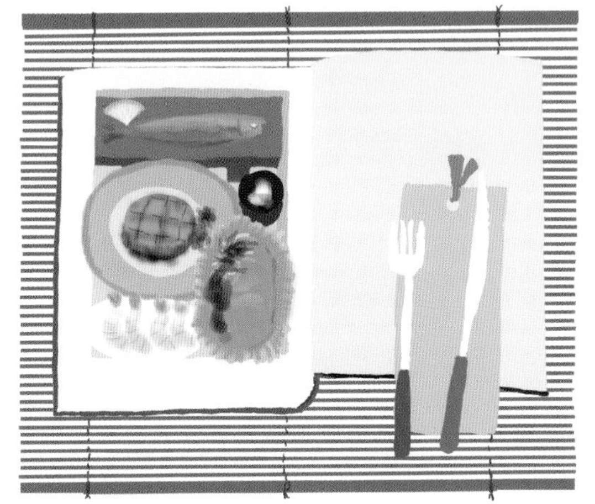

第三種是爲了參考閱讀的工具需求。很像是幫助消化的蔬菜水果類飲食。這種閱讀，是爲了幫助查證、參考其他書籍。也就是對於字典、百科全書、年表、地圖等的需求。工具需求類的書籍，功能可以持續很長一段時間，但總要隨時代的變遷而調整。

第四種是爲了消遣需求。很像是甜食與零食。這種閱讀，主要是爲了娛樂、消遣，是一種休閒活動。羅曼史小說、大部分的漫畫、武俠小說、寫眞集、八卦內幕等等，都屬於消遣類需求。消遣需求的書籍也有很大的特色，那就是可以視爲用過即丟的產品。

5.

一個人的閱讀飲食是否匱乏，和他的購買能力關聯不大，主要取決於他的習慣和認知。

對於身體的飲食，沒有人不一日三餐地提醒自己有沒有進食；對於頭腦的飲食，幾個月不讀一本書的人卻所在多有。如果發現自己經年累月地不讀書，不給頭腦進食，那一定是處於匱乏狀態。

即使經常閱讀，但是如果在四種飲食分類中過於傾向哪一種類，仍然可能造成匱乏的結果。

通常，我們最容易踏進過於重視主食的陷阱。

主食類的閱讀中，諸如人生勵志書、企管書、理財書、語言學習書等等，很多是不錯的，甚至足以被許多人稱之爲「好書」。但也因爲如此，所以許多人趨之若鶩，把它當成了閱讀的全部。

這有什麼匱乏的問題呢？

打個比方，從日常飲食來說好了。我們都知道主食很重要，但是今天有沒有人餐餐只吃主食，只吃麵、飯？不然，我們爲什麼總要不時打打牙祭，吃吃海鮮或牛排，進補一些高蛋白質的營養？只吃主食，一來容易營養不良，二來離發展美食家的品味遙遙無期。

閱讀也正是如此，知識類的書讀得再多，如果不定時讀一些思想需求的書籍，譬如哲學書、歷史書、文學經典，那就是過於偏食，整體而言，仍然是處於閱讀匱乏的階段。

6.

只重主食的問題固然如此，只重美食的話，也不見得毫無問題。美食固然營養價值極高，但是如同勞動者不吃主食難以支持體力，上班族許多問題，則非閱讀一些主食類書籍不能解決。

但是，如果勢必要偏食，尤其由於客觀時間與空間環境而不得不然的時候，我們還是可以看出偏向美食閱讀的意義。只有濃縮、凝聚高單位營養價值的思想、文化、文學書籍，才經得起我們一再咀嚼與吸收。

有太多故事告訴我們，一個人如果被迫只能選擇一本或兩本書陪伴他幾年的時間時，這一兩本書是美食類的書籍所發生的影響有多麼深遠。當然，也因爲如此，各種讀書計劃或節目總會問我們一個問題：如果你要到一個無人荒島上度過餘生，而你只能帶一本書的話，你的選擇是什麼？

7.

在主食類知識需求的閱讀，和美食類思想需求的閱讀之間，有時候會感覺到一些灰色地帶，難以分別。有些書看來像是知識需求，又像是思想需求。的確有些書籍如此，但也有更多是只要經過一段時間就看得出差別。有些書即使某一段時間深受注目，廣受歡迎，但過幾年時間就要被淡忘，這就像是主食類；反之，很長時間之後還可以存留的，就像是美食類。

8.

甜食是個有趣的題目。

偏食的方向如果是甜食，日常只追求大量消遣需求的閱讀，那其中的問題不必多加引伸。

但是如果視甜食爲蛇蠍，毫不接觸呢？

達爾文這位《物種起源》的作者，也是提供我們美食閱讀的思想家與科學家，就我們爲什麼需要甜食做了很好的解釋。達爾文晚年，由於健康的因素，被家人保護不受外界打擾，每天集中精神做四個小時的研究工作。在這樣的生活中，達爾文最重要的調劑，是閱讀浪漫的羅曼史小說。因而他有一句名言：「把愛情小說結局搞成悲劇的作者，都該吊死。」

總之，紅花綠葉須相配，眞正懂得享受饗宴的大食客，會懂得利用各種食物來刺激他的味蕾。川菜裡，水煮牛肉把你辣到極致之後，要有甜燒白來收尾，才是完美的結局。

9.

對於工具書，也就是蔬果類飲食的忽視，又造成另一種匱乏。

不吃蔬果，對於消化之不良，攝取纖維質之不足，是我們熟悉的。但是對於不用工具書，對於我們閱讀理解之不足，誤解之形成，卻是我們很容易不放在心上的。

因此，在日常飲食裡，我們不會多年不吃蔬菜水果，也不會只吃一些存放過久，已經發霉的蔬果。但是對於工具書，很多人不是聊備一格，就是抱着一部多年未經編修的過時字典當作全部。

10.

容易偏食，尤其是許多人視哲學、文化、文學的閱讀爲畏途，有一個原因是他們沒掌握到對各種不同飲食該有的食用方法與節奏。

我們都知道吃一碗麵，吃一碗飯這種主食是花不了多少時間。我們也都知道要享用一隻大閘蟹這種美食是很花時間的，很麻煩的，所以才要耐着性子用鉗子，用剔條，一點一點地品味。

在一般飲食上，我們知道對待不同的食物，應該動用不同的時間、方法與工具。

但是我們在閱讀飲食上，卻往往沒有這種認知。

當我們拿幾個小時可以讀一本羅曼史小說的速度，或者讀一本企業管理書籍的速度，來面對《易經》或《查拉圖斯特拉如是說》這樣的書籍時，一定會爲同樣的時間讀不過幾頁甚至可能幾行而感到挫折。

要練習接觸自己熟悉、愛用的飲食之外的選擇時，我們首先要體會動用不同的時間、方法與工具之重要。尤其時間。

對於不該用那麼長時間閱讀的書籍卻花了那麼長的時間，或者對不該用那麼短時間閱讀的書籍卻只肯投資那麼短的時間，都是浪費閱讀的時間。也是阻礙我們擴展閱讀習慣的因素。

11.

如果你自己經常購買的書籍不只偏食一種，如果你走進書店，從希臘哲學家到政治思想的演進到如何改進與上司的關係到巴黎最新購物指南到某種主題特別的字典，都在你要購買的範圍之內的話，這麼廣泛的閱讀興趣，已經支持你進入了閱讀飲食十分富足的第二個階段。

但是因爲太廣，也可能歸納不出一個閱讀的主要方向。一個人的時間、精力與金錢都有限。閱讀廣泛雖然是好事，但不能不在廣泛中維持一個主要的方向。否則就好像一個人從法國菜到日本料理到江浙菜到川菜到台灣小吃，走馬燈似地什麼都接觸過，拿起餐牌也點得出許多菜名，但是你問他最喜歡的菜系是什麼，爲什麼喜歡這個而不是那個菜系，他就難以爲繼。

沒有主要的閱讀走向，就沒法深入地享受飲食、比較飲食。說起鮪魚生魚片，你要他指出這家餐廳師傅的和那家餐廳師傅的絕活有什麼細膩的不同，他講不出來。當令大閘蟹來了，他雖然也大快朵頤了一番，但不是可能吃到靠激素成長的不良品，就是只能盲目地迷信高價貨。所以，他書架上的書籍，雖然琳瑯滿目，各個門類無所不有，然而在一些大家耳熟能詳的大名字、大著作之外，還可以看到許多混充大名字、大著作的書籍。

12.

要擺脫第二個階段，而進入第三個美食家的階段，另外需要一些條件。

美食家已經超脫在閱讀的廣泛和深入之間的擺盪，而讓廣泛和深入相互激盪。

美食家不會在四類飲食間有所偏廢，也不會因爲涉獵廣泛而失之於淺薄。

美食家不會因爲某些食材屬於海鮮或牛排，因而就肯定那是「美食」。因爲他知道太多「美食」之名下，是有問題的人工養殖，有色素的加工。

美食家也不會因爲某些書籍被歸爲消遣類讀物，就有所輕忽。因爲他知道甜食的極品，也是人間美味；巧克力做到極致，也是藝術。

總之，美食家超脫了飲食的表象，而能領略閱讀門類、質材、方法的細微之處。他可以用一千元人民幣來只買一條最新鮮的魚回家品嚐；他也可以只求享受一碗最道地的北京炸醬麵。

當然，美食家也會偶爾客串下廚，表演一下他的心得。他不是專業作者，但他會把他最獨到的見解，拿出來和大家分享。 ■

你是冰淇淋怪獸還是甜譙龍？

──28個問題診斷你的閱讀人格

文──李康莉　插圖──張妙如

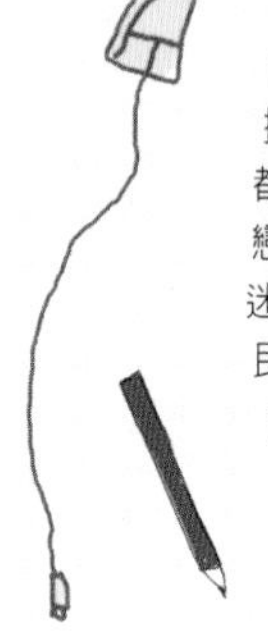

在不景氣的年代裡，閱讀，是你吃搖頭丸之外的唯一選擇。

據統計，重度讀／毒癮患者都陸續改用閱讀來對抗失戀、抑制憂鬱、遺忘股市低迷、駭客入侵、最後降低國民全體的自殺率。

閱讀與搖頭丸最大的不同在於，不流汗就可以讓你爽。

想知道自己的閱讀人格嗎？或是單純想測試最近讀了多少書？下面的測驗可以告訴你的閱讀偏好，讓你讀得更起勁，讀得更High……（本測驗僅供參考，just for fun!）

1.《哈利波特》一書中不會魔法的人叫做？

a. 麻瓜
b. 魔瓜
c. 傻瓜
d. 呆瓜

2.最近經濟不景氣，當紅的理財暢銷書《窮爸爸．富爸爸》，揭示了那一項發人深省的道理？

a. 富爸爸李登輝的時代已經過去了，窮爸爸阿扁時代來臨了
b.「高薪」不等於「致富」。應該努力提升下一代的「財商」Financial I.Q 才能左右逢源
c. 苦日子要來了，大家應該學習窮爸爸樂天知命的精神，共體時艱
d. 請發揮台灣觀光客的精神，資源用別人的，能拿盡量拿，才是富爸爸的致富之道

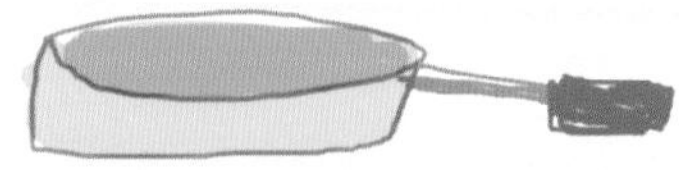

3.有關《說文解字》，下列敘述何者正確？

a. 作者是東漢的劉勰
b. 姓名學與紫微斗數的始祖
c. 一種趣味測驗，基本題型如下：大禹是什麼動物？答案：一隻蝦。（大雨大雨一直下）
d. 它非常偉大，它是中國第一部字典

4.曾經揚言「軟體就像性，免費的比較好」，並積極投入開放原始碼運動，被喻為比爾蓋茲最恐懼的人是？

a. 自由軟體之父──理察．史托曼
b. Linux創始人林納斯．托瓦茲
c. 提出Open Source概念的艾瑞克．雷蒙
d. 發明中文電腦的朱邦復

5.《交換日記》的兩位作者徐玫怡和張妙如在書中互稱？

a. Meiyi & Miao
b. 春麗&美惠
c. 屎蛋和凱子
d. 阿尼和阿ㄆㄧㄚˇ

6.和「大男人」村上龍匹敵的日本「大女人」，叫一群逛銀座的男人《跪下來舔我的腳》，同時也是個喜歡和黑人談戀愛，關心種族政治的女作家？

a. 柳美里
b. 吉本芭娜娜
c. 山田詠美
d. 室井佑月

7.近代中國新式字典始於哪一部？

a. 篆刻篆書字典
b. 無敵CD65
c. 梁實秋遠東國語大辭典
d. 辭源

8.請問下列哪一項是德國哲學家康德(Immanuel Kant)的重要事蹟？

a. 發明感冒特效藥「康德膠囊」，又針對咳嗽症狀，推出「康德咳嗽膠囊」
b. 發表渾沌理論，使蝴蝶成為21世紀最讓人感冒的昆蟲之一
c. 發表《純粹理性批判》，奠定道德形上學的基礎
d. 毆妻，其它時間活得很憂鬱

9.在法國暢銷作家瑪麗．達里厄斯克的筆下，在香水公司上班的小姐最後變成什麼？

a. 一隻豬
b. 一隻貓
c. 一隻甲蟲
d. 一朵玫瑰

10.下列那一件事不是希臘哲學家柏拉圖的傑作？

a. 把老師蘇格拉底每天起床到廣場上找人抬槓的過程寫成《對話錄》
b. 用洞穴理論比喻現象界的虛無。真理的陽光使人擺脫感官的幻覺
c. 出版自傳《柏拉圖式的性愛》
d. 對美的概念影響了西方的新古典主義的發展，引發了從莎士比亞、但丁到葉慈一幫文藝青年的戀愛觀

11.在隱喻危機處理與企業管理的寓言《誰搬走了我的乳酪》中，最後乳酪被誰搬走了？
a. 老鼠
b. 書中沒有說明
c. 老闆
d. 人事部門的主管

12.在流氓教授林建隆的自傳中，除了流氓和教授，他還經歷過那一個階段？
a. 黑幫老大
b. 詩人
c. 立委
d. 礦工

13.網路小說《第一次親密接觸》的女主角「輕舞飛揚」最後的結局？
a. 因為紅斑性狼瘡過世
b. 她沒死，只是看到痞子的長相後，太失望，躲起來了
c. 成為一個知名的現代舞者，現在大家都叫她「燕子」
d. 被痞子發現原來實際上是個192公斤的恐龍妹

14. 請問你是否經常使用各類字典？
a. 從來不用
b. 偶而用一下電子翻譯機，但常常要用的時候，才發現已經沒電很久了
c. 窮途末路，無人可問的時候，會上網查一下線上辭典
d. 字典狂：多語字典交替使用，樂此不疲

15.弘兼憲史的《課長島耕作》描寫步入企業體制的日本學運世代。有關主角島耕作的遭遇，下列哪一項不正確？
a. 他管理的部門是業務部
b. 劇情總是安排他豔遇不斷，羨煞不少苦悶的上班族
c. 他服務的集團叫「初芝」，有影射「東芝」的嫌疑
d. 他莫名其妙捲入集團派系內鬥，卻懂得明哲保身，並漁翁得利地當上部長，還成為企業經營的典範

16.你什麼時候會用到字典？
a. 沒有微軟注音輸入法的時候
b. 晚上睡覺睡不著，需要一本幫助睡眠的讀物
c. 想寫情書給暗戀已久的對象，卻不知道「請你和我交往」的日文怎麼說
d. 閒來無事就把字典當寫真集津津有味地讀下去

17.以下哪一段是典型的村上式句型？
a. 咖啡黨人謹慎避開「總體化論述」之暴虐，堅持一杯1/2吉力馬札羅豆加肉桂粉不加糖的咖啡
b. 這種悲傷源自情愛生活可悲的範圍，我們試著逃入內心默想的深處，那裡有神秘的上帝
c. 每次要寫點什麼的時候，總是被絕望的氣氛所侵襲。例如，關於象，我能寫點什麼，卻對馴象師什麼也寫不出來。就是這麼回事
d. 父權假設下的生物差異對性別分工具有決定性的影響，完美女體的標準美學的壓迫性已經十分明顯

18.如果要幫紅樓夢中的黛玉做星座剖析，下列那一項觀察不正確？
a. 黛玉的性格好高鶩遠、常因追求精神層次忽略生活細節，但她能夠填詞作詩、想像力豐富，是水星在射手座的緣故。
b. 黛玉愛哭、多愁善感，由此可見，她的太陽極可能落在雙魚
c. 黛玉對愛情缺乏佔有慾、又愛挑三揀四，水星極可能落在雙子
d. 黛玉愛好自由、對現實較易有反叛意識，是月亮在水瓶的結果

19.在王文華筆下，蛋白質女孩最後選擇了
a. 雷射頭
b. 鯊魚
c. 蒼蠅
d. 狼

20.從乞丐囝仔搖身一變成為十大傑出青年的是
a. 嚴長壽
b. 賴東進
c. 張忠謀
d. 劉俠

21.來自「番幫」的利馬竇帶來中國第一部世界地圖，讓中國人大開眼界，這部地圖是
a 泰西地圖
b. 皇輿全覽圖
c. 瀛寰誌略
d. 萬國輿圖

22.今年的夏天很憂鬱。下列哪一本書以憂鬱症為主題？
a. 《維若妮卡想不開》
b. 《晚安・憂鬱》
c. 《單身地球人》
d. 《潛水鐘與蝴蝶》

23.曾經寫出讓人哭濕好幾條手帕的名劇《漫漫長夜路迢迢》的美國劇作家尤金・歐尼爾（Eugene O'Neil）晚年做過什麼了不起的大事？
a. 乖乖待在老家，替他的愛犬寫《一隻狗的遺囑》
b. 學海明威跑到西班牙鬥牛
c. 跑到巴黎，扮裝和情人Alice Toker恩愛度過終生
d. 性情大變，寫出無厘頭喜劇《不可兒戲》，是「鐵獅玉玲瓏」式的語言鬧劇始祖

24.曾經在老婆死的時候，在墳墓上唱卡拉OK的是下列哪一位哲人？
a. 老子
b. 孟子
c. 莊子
d. 孔子

25.愛因斯坦在1959年過世，留下一個尚未完成的理論，是全人類的遺憾。這個理論是？

a. 一般相對論
b. 統一場論
c. 特殊相對論
d. 物理進化論

26.你的仰慕者說你的身材真的非常「以薩·艾西莫夫」，你不知道那是一種甜點還是一種獵犬。你的手邊只有一台電腦，哪種方式可以最快讓你找到答案

a. 用bbs分類留言版發信等待網友回覆
b. 連結線上圖書館
c. 連結線上百科全書
d. 用入口網站的搜尋引擎

27.有關後現代理論學家「傅科」的敘述，下列哪一項不正確？

a. 提出現代社會權力與知識形成的概念
b. 發表《性意識史》，強烈質疑佛洛伊德的性壓抑理論
c.《傅科擺》的作者
d. 曾經和法國後結構主義者羅蘭巴特愛上同一個人

28. 最近你愛上希臘悲劇，發現伊底帕斯王的故事比「藍色生死戀」好看一百倍。你想了解伊底帕斯和女先知卡姍德拉的關係，你應該參考下列那一個資料庫？

a. Edge網站 http://www.edge.org/
b. MIT網站 http://web.mit.edu/news.html
c. Bartleby線上書店 http://www.bartleby.com/
d. 波修斯線上圖書館 http://www.perseus.tufts.edu/cgi-bin/perscoll?collection=Greco-Roman

答案欄	1	2	3	4	5	6	7	8	9	10	11	12	13	14	15	16	17	18	19	20	21	22	23	24	25	26	27	28
a																												
b																												
c																												
d																												

若你的答案與陰影部份重疊，即可得分。請統計得分的題目裡，A、B、C、D的答案各有多少，答對最多的項目反應了你的閱讀偏好。另外，沒有一項超過5題的，你要加油了。患有輕微閱讀厭食症的你，不妨翻翻本期，也許當下胃口大開，厭食症不藥而癒。

A. 冰淇淋怪獸

關於閱讀，你很誠實。你懂得享受閱讀的樂趣，把書本當作糖果和冰淇淋。一本好小說和壞小說的差別則在於能不能讓你想一口氣把它吞下去、舔乾淨。你總是搞得清楚《流星花園》出到第幾集，或是那個女明星又出了寫眞集。你不看有「主義」字眼的書，也不讀任何不知道該從哪裡換氣的文章。你不討厭文字，但有插圖更好。談到電影，你喜歡Michael Bay甚於侯孝賢。你唯一需要注意的是口味有了，閱讀的營養夠不夠？

B. 吃餃子老虎

對喜歡學習成長的你而言，閱讀就像吃水餃，餡很重要。你會因爲想了解公司組織的政治運作，而熟讀呆伯特。你的廁所裡擺的不是阿貴而是渾沌理論和費曼的物理教室。你知道叫「道格拉斯」的，不只是好萊塢巨星，也是一位管理學大師。當冰淇淋怪獸的電腦出問題時，你經常成爲求救的對象。你聽到Melissa的名字，會本能的害怕，因爲她不只是你的前任女友，還是一種可怕的病毒。當然，你也知道對付她的方法。你非常注重知識的攝取，高能量的讀物使你長的高又壯。給你的建議是，可以適時和維他命族交朋友，以達到事半功倍之效。

C. 詌譙龍

因爲現在文藝青年都不承認自己是文藝青年，我們只好叫你詌譙龍。熱愛文學 文化的你，是閱讀世界裡的大暴龍。再艱澀的讀物，都難逃過被你生吞活剝的命運。你可以從一個月前就聞到卡爾維諾的新小說要出爐，也可以用後現代理論讀食譜，你看鐵獅玉玲瓏是爲了解語言學，是別人〔尤其是冰淇淋怪物〕眼中的大怪物。你的朋友多半也是詌譙龍。你們自成一族，重視文字的品味，強調閱讀的口感，絕不吝於詌譙因肉質不佳而害你們拉肚子的讀物。唯一要小心的是因缺乏閱讀彈性所造成的動脈硬化。請適時向冰淇淋怪獸看齊。

D. 維他命族

注重閱讀工具和方法的你，是閱讀世界裡最進化的一員。你的另一個名字是太空食物族。電腦和字典就是你每天僅吃的太空食物。只要打開這兩個魔術方塊〔對太空食物族而言，它們通常裝在一起〕，你就不需要其他食物。「我正在補充全宇宙的知識」，這是你一邊打著鍵盤一邊告訴我有關你存在的理由。漸漸地，我看到你的身體也成爲魔術方塊的一部份了。■

Part II
Must-Read
閱讀推薦

有關閱讀的八本書

文——郝明義

《世界簡史》
A Short History of the World

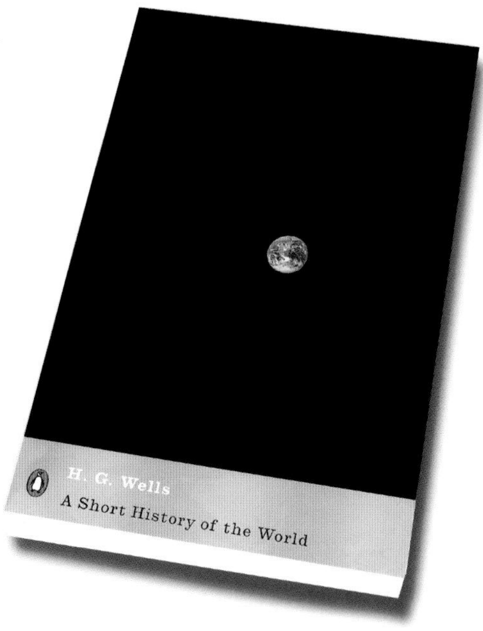

作者：威爾斯（H.G. Wells）
開本：袖珍版本
頁數：320
出版者：企鵝出版 Penguin Classics

因為我認為閱讀的本質就是為了認知世界，所以我覺得在閱讀的過程中首先需要知道自己的時空座標，也就是了解自己處身的時間與空間在歷史中的位置。這個歷史的著眼點應該越大越好——越大，觀照自己的位置越清楚。因此最好是世界與人類的歷史。如果能先讀這樣一本書，有助於給自己的閱讀興趣掃瞄、勾勒出一個系統的架構。

談世界史與人類史的書非常多，但是大多份量很重，並且由於跨越的時間與空間太大，對一般讀者來說，讀來一不小心就迷失在某個角落，或難以竟卷。所以我花了好長時間尋找一本讀來不甚耗時，但讀完之後又能掌握全貌的書。

後來我找到了這一本威爾斯的《世界簡史》。《世界簡史》不只符合我原先設定的目標，還有更多的驚喜。企鵝這個版本的導讀裡有一段話是最好的介紹：「（這本書）首先打動你的就是讀來興味盎然。讀者急於知道一頁頁的發展，雖然是一本可以在四個小時火車車程就能讀完的書，卻又有相當多的東西可以留存在記憶中。威爾斯優悠自在地帶著讀者從地球的起源穿越到第一次世界大戰結束——別人想完成他的任務，不是非十倍篇幅不為功，就是很可能把這本小書糟蹋成不得體的百科全書式的文章，或更等而下之。」

我完全同意這段介紹。我是花了兩個週末的時間讀完這本書。很久的時間沒有因為一本未竟卷的書而牽掛在心，想到週末可以有一段完整的時間繼續下去而期待不已。一本寫世界史的書能寫到這種地步，不是很神奇嗎？

沒錯，作者就是二十世紀初葉那位以《時光機器》（Time Machine）、《星球大戰》（War of the Worlds）等科幻小說而著稱於世的威爾斯。威爾斯出身寒微，因為生活所逼而不停在報刊上創作，終究不論在小說還是史學上都卓然一家。

《世界簡史》當然也有一些不足之處，譬如缺少了十九世紀末葉西方列強與中國的遭遇，以及同一段時間中東地區的變化。但這些都瑕不掩瑜。最重要的，是《世界簡史》從跨文化與種族的視野，以快筆勾勒了人類的演進，並且點出其間縱橫不同切面的銜接關係。誠如作者在序言中所說：「讀者從這本書裡應該可以獲得歷史廣闊的視野——這樣的視野，對研究某個時期，或某個地區的歷史來說，都是必需的基礎功課。」

正因為如此，這本在1922 年寫成的書，到今天還是亞馬遜網路書店上的長銷書。

忘了補充一點，如果不想看地球與人類起源部份的科學說明，不妨直接跳到第十三章〈文明的起始〉當開頭。

讀完這本書，不會讓你成為世界史的專家，但起碼讓你大致明白自己的時空位置。

另外，作者還有另一本書《世界史綱》(The Outline of History)，篇幅大許多，可以當作《世界簡史》之後的進一步閱讀。威爾斯為免讀者誤會《世界簡史》是《世界史綱》的濃縮本，特別聲明《世界簡史》是在完全不同的基礎上單獨寫作的。

一個驚喜

2001年6月，我去北京，與陳原先生和沈昌文先生見面。

向他們請教了一些問題後，因爲讀陳原先生一本新著，看到他書裡提到一位威爾斯，因此請教他是否就是寫《世界簡史》的威爾斯。

也因爲這樣，才發現威爾斯另外那本著作《世界史綱》(The Outline of History)不但在大陸有出版，而且背後還有甚多故事。

《世界史綱》的原著最初於1920年出版，後來在1923至1930年幾度修訂再版，作者生前的最後一版是1940年版，內容寫到第一次世界大戰。作者死後，1949至1971年又不斷出了增訂版，增訂工作由英國一位歷史學家雷．波斯特蓋特和作者的兒子，動物學家喬．菲．威爾斯教授所擔任。1927年商務印書館在上海時期，根據原著第一版，出過由梁思成等翻譯，梁啓超校訂的中文譯本。

現在大陸通行的譯本，是人民出版社出版，是根據原著1971年增訂版重新翻譯的。這一版除了修訂一部分威爾斯著作中過時的材料之外，還增加了主要是第一次大戰之後到1949年的部分。但人民出版社的譯本，則以保持威爾斯原著面貌爲出發點，把增加的部分全部略去了。

人民出版社這個譯本的翻譯陣容也是一時之選，有吳文藻、冰心、費孝通等人。

《世界史綱》我還沒有開始讀，但想到有這樣一本書在等著去大快朵頤，實在一大樂事！

一本等待中的書

這本書我還在尋找。相信應該有這樣的一本書。

我對這本書的期待是這樣的：寫作方式和《世界簡史》有些類似，但它的著眼點是人類知識的演進。從最早的詩歌，到最近的生物工程，以跨領域視野，把人類知識的橫向與縱向演進，做一番快筆勾勒，並且，讓讀者掌握到其間的銜接關係。

這樣一本書，絕不應該是知識的分類索引或詞條說明，正像威爾斯的《世界簡史》讓我們體會到世界歷史與文化的有機生命，相互的脈絡與牽引，這一本書也該讓讀者掌握知識的有機生命，不再以理科、文科，或自然科學、社會科學這樣粗暴的分類方法來切割知識。

讀完這一本書之後，讀者應該發現所有的知識，不論是他熟悉的或是完全隔閡的，都在對他展現動人的微笑。無所謂深奧，無所謂崇高，無所謂艱澀。很像走進房間打開一盞燈，房間裡面所有景物都在視線之內。

讀完這一本書之後，不會讓讀者成為某種知識的專家，但起碼讓他回一個欣喜的微笑，明白當自己需要的時候，可以選擇其中某個接點展開接觸。並且，不論他選擇哪一個接點開始，都可以悠然通往其他的接點。

我在尋找這樣一本書。如果你知道，一定要告訴我。

《中國近三百年學術史》

當然，一個中文的閱讀者，應該對中國文化和書籍有個概要的了解，或入門的閱讀書目。在過濾這樣一個書目的時候，梁啓超是我最先想到的作者之一。梁啓超身處百年前中西文化交會之際，既扮演一個傳播知識與閱讀觀念的角色，又兼顧中西兩種文化的視野，他對中國書籍之推薦，對現代讀者應該甚具參考價值。（梁啓超對讀書的一些觀點，可以參見本書第108頁。）

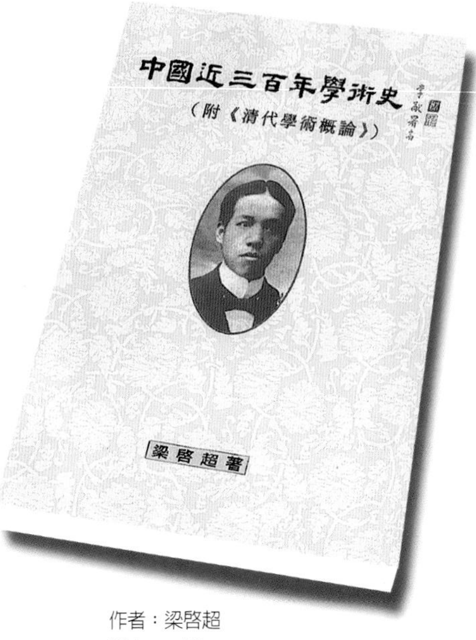

作者：梁啓超
開本：25開
頁數：511
出版者：里仁書局

梁啓超向讀者推薦國學基本素養的書目，文章和著作甚多。但我決定推薦他另一本《中國近三百年學術史》。

《中國近三百年學術史》，從書名上容易給讀者兩個誤解，一個是「近三百年」，因為這本書談的實在不只是三百年；一個是「學術史」，這本書實在不是只談學術，人物與掌故隨處可見。因此我覺得它兼顧兩個特質，一個是可以正襟危坐，聚精會神而讀的書，但也很像一本適合在一個下雨天的午後，在沙發的一角就可以讀起來的書。但是要記得把紙筆放在身邊，因為可記的心得和聯想一定非常多。

我覺得即使是一般讀者也不能錯過這本書的理由是：

一． 可以當歷史書讀。梁啓超從上下至少六百年的角度，把明代到清代的政治氛圍，以及知識份子的角色與作用，做了歸納與分析。我們要思考今天中文世界所面對的知識與閱讀系統問題，有些歷史淵源不能不了解，而梁啓超這本書正好提供了這樣一個溯源而上的機會。

二． 可以當參考書讀。這本書的主體是談清代學術，也就是乾嘉之學，因此裡面整理了大量中國古籍之考據研究學派與成果。一個不懂考據工作的人，一方面可以讀來補充自己一些常識，另一方面當自己要選讀某本古籍的時候，可以讀來當參考書了解其背景。

三． 可以當國學入門之徑。各門各派的學問，梁啓超都整理了許多入門必讀的書目。

四． 可以讀他的「筆鋒常帶感情」。譬如看這一段：「凡豪傑之士，往往反抗時代潮流，終身挫折而不悔。若一味揣摩風氣，隨人毀譽，還有什麼學問的獨立。」

五．可以看梁任公的氣派。梁啓超以他的學養臧否人物，落筆原來就讓人折服，碰上晚清的人物，以他在清末民初的特殊身分與地位，更見氣派。譬如談到孫文，他是這樣說的：「他雖不是個學者，但眼光極銳敏，提倡社會主義，以他為最先。」

但最重要的，這本書是一個有機體，本身是有生命的。讀者不但可以感覺到寫作者脈動在字裡行間的生命，也可以感覺到所有被他提過的那些「學術」，也都跟著躍動起生命。

如果說我們即將進入一個閱讀的全觀時代，而又難以體會顧炎武所說「博學於文，行己有恥」的夙型，那麼梁啓超正好是一個距離不遠的參考。從《中國近三百年學術史》這種儒學的力作，到《大乘起信論注解》那種佛學的鉅構，旁引西方的思想與理論，梁啓超實在讓我們見識到一個閱讀的人可以具備的容量。

《如何閱讀一本書》
How to Read a Book

這本書背後的故事，以及對我的意義，曾經在《網路與書》試刊號裡做過說明，這裡不多贅言。

如同書名所言，《如何閱讀一本書》想要傳達的，正是如何讀書，讀書的方法。

有關這本書的寫作動機，作者在新版序文中引述另一位學者的一段話。那段話出自一篇文章〈學校教育的失敗〉：

到五、六年級之前，整體來說，閱讀是被有效地教導過，也學習過了。在這之前，我們發現閱讀的學習曲線是穩定而普遍進步的，但是過了這一點之後，曲線就跌入死寂的水平。……中學畢業的時候，學生都讀過不少書了。但如果他要繼續唸大學，那就得還要唸更多的書，不過這個時候他卻很可能像是一個可憐而根本不懂得閱讀的人……他可以讀一點簡單的小說，享受一下。但是如果要他閱讀結構嚴謹的細緻作品，或是精簡扼要的論文，或是需要運用嚴密思考的章節，他就沒有辦法了。……就算進了大學，他的閱讀能力也都只會停留在小學六年級的程度。

作者：Mortimer J. Adler and Charles van Doren
開本：25開
頁數：419
出版者：Simon & Schuster

上面這段話寫在1939年，讀來是否甚為熟悉？

全書把讀書的方法分為四個層次：基礎閱讀、檢視閱讀、分析閱讀、主題閱讀。中國談讀書方法的人也很多，也有「略讀」、「精讀」等觀念，但是沒有像這樣把閱讀方法整理出這麼完整的體系與層次。

作者對這四個層次的觀點是這樣的：

一、基礎閱讀：一般都是在小學階段就學會的。但是不要因而小看這個層次的閱讀法，因為即使是成年人還是不時會回頭需要用到這種閱讀法。看到陌生的文字的時候，就需要。

二、檢視閱讀：指的是如何在一定時間的限制下，很快地了解一本書的內容、性質與架構。不利用這種閱讀法的人，拿到書連目錄都不看就一頭栽進去，往往在一些不值得那麼用力閱讀的書上浪費太多時間。

三、分析閱讀：就是怎麼把一些值得投入無限時間閱讀的書，盡可能地細嚼慢嚥。這個層次的閱讀教一個讀者「一直要讀到這本書成為他自己為止」。

四、主題閱讀：就是在不同的書籍之間讀出一個相關的主題。換句話說，「借助所閱讀的書籍，主題閱讀者能夠架構分析出一個主題，而這個主題可能並不在每一本書中都提到過。」

另外，作者把閱讀需求分為深層需求、知識需求、休閒需求的分類法，也讓我受用不盡。讀這本書的前後，我正想要以飲食分類的方法來解釋閱讀這種頭腦的飲食，卻想得不夠清楚。讀過這本書後，我在作者的三種分類中，把知識需求多區分出一個工具需求，總算找到用四種飲食的種類來說明四種閱讀需求。

難能可貴的，是方法分得如此之細，讀來卻生動有趣，不覺任何說教。我是一口氣在兩天時間裡把這本書讀完。也是有如讀一本小說，一頁頁欲罷不能。

這本書最早是在1940年出版的，風行六十年而不衰，不是沒有道理。書後有作者所列137 種必讀著作的書目，可以當作進入西方思想與文學世界的參考書目。

（《如何閱讀一本書》中文版由台灣商務出版）

作者：（英）李約瑟
編者：（美）錢存訓〔本卷分冊〕
頁數：472
出版者：科學

《中國科學技術史》（第五卷·化學及相關技術·第一分冊：紙和印刷）

這本書是《中國科學技術史》大系中的一卷，是李約瑟在《中國科學技術史》大系中第一本找外人合作編寫的書。

李約瑟的《中國科學技術史》，本來就是一個著作與閱讀的傳奇，這裡不另介紹。對一個有興趣於了解書籍來龍去脈的讀者而言，則不妨從這本《紙和印刷》開始一讀。這本書以中國的造紙與印刷發展為主軸，旁徵博引東西方其他文化中的相關發展，是讀來令人忘我的故事書，也是很好的工具書。

我本來為了埃及人所使用的「紙草」（Papyrus），和中國人所發明的「紙」之間的異同如何區別，而搜尋資料與解釋。讀到這本書裡提到東西方學者都有人把埃及人最早使用的「紙草」與「紙」混為一談，而對中國發明造紙之說存疑，但紙草是「天然植物加壓而成」，紙則是「以纖維體經過化學過程而製成，二者雖名似而實異」的解釋，不禁啞然一笑。

作者：Marshall McLuhan
編者：Eric McLuhan, Frank Zingrone
譯者：汪益
頁數：452
出版者：台灣商務印書館

《預知傳播紀事——麥克魯漢讀本》（Essential McLuhan）

不論書籍還是網路，都是媒體。要了解媒體，不能不讀麥克魯漢的著作。並且，一定要讀原作，不要讀別人消化過的麥克魯漢。

有些著作是不適合翻譯的，麥克魯漢就是如此。不僅難翻譯，也難懂。難懂的原因有二：一，他引經據典，縱橫時空，文化與知識背景太深；二，他的寫作風格也獨樹一幟，文法結構深奧艱澀，此外還有許多特殊組合、創作的單字。這兩個因素合起來，即使是英語世界的讀者也難以消化，更何況是中文世界的讀者。

但不論如何，總要讀一本麥克魯漢的作品。如果只讀一本麥克魯漢的著作，顯然《預知傳播紀事》是很好的選擇。

《預知傳播紀事》，從麥克魯漢最重要的出版品，包括《瞭解媒體》(Understanding Media)、《媒體即訊息》(Medium is the Message)、《古騰堡銀河系》(The Gutenberg Galaxy)之中選取精華而編輯。讀這樣編輯的讀本來接觸麥克魯漢，固然不免有些片斷之憾，但畢竟有其方便之處。

即使是這樣一本編輯過的讀本，仍然不好讀懂，但這本書裡起碼應該有四篇文章比較易於消化：

1.1969年3月號《花花公子》雜誌的訪談錄。（如果連其他三篇文章也不想看，起碼應該看這一篇。）

2.多倫多大學1956年7月號《探索》裡的〈探索：媒體、文化、教養〉。原文不到五頁的空間裡，陣列了大量既有用又具革命性的洞見。

3.〈麥克魯漢資料讀本〉。從語言到文字到印刷到影印到電話到照片到電影到電視到未來的媒體，麥克魯漢用條列式的簡短文字進行本質的分解與曝露。

4.《瞭解媒體》的節錄。有名的「冷媒體」、「熱媒體」，就在這裡。

我自己使用網路之後，為網路下了一個定義：「意念的延伸」。後來讀麥克魯漢，看到他在1967年就寫出「下一個媒體……可能是意識的延伸」，實在震驚莫名。

這本書末所列麥克魯漢的閱讀書目，尤其彌足珍貴。

《中國讀書大辭典》

編者：王余光、徐雁
頁數：1474
出版者：南京大學出版社

「讀書」這件事也可以拿來做一部辭典的主題，你沒想到吧？

由南京大學出版社出版，王余光、徐雁主編的《中國讀書大辭典》，蒐羅了古今中外關於讀書的資料，合撰成這本一千四百多頁的辭典。除了當成工具書使用，也可輕鬆閱讀，看看歷史上的名人，有哪些著名的讀書事跡、讀書地點，享受一下八卦古人的樂趣。

除了名人讀書的故事，還有古今閱讀理論、古今圖書知識皆包含在內。在〈古今圖書異稱〉部份可查到書籍的別名，例如「莎士比亞四大悲劇」、「宋代四大書」、「日本平安時代文學雙璧」各是哪些書。〈古今圖書之最〉可找到中國最大的叢書、世界最早的長篇小說、甚至緬甸第一部白話小說各是什麼書。再加上中外讀書典故，名著導讀，各大圖書館、大型書店簡史，各地讀書節，書的結構……你所能想得到關於書的資訊，全都以條列方式簡明扼要地呈現在本辭典中。

要挑的話，當然很多收錄條目的水平不那麼一致是一點。另外，像《瀛寰志略》這本書不見蹤影，也顯示還是有需要再加強之處。

《書的藝術與歷史》The Art and History of Books

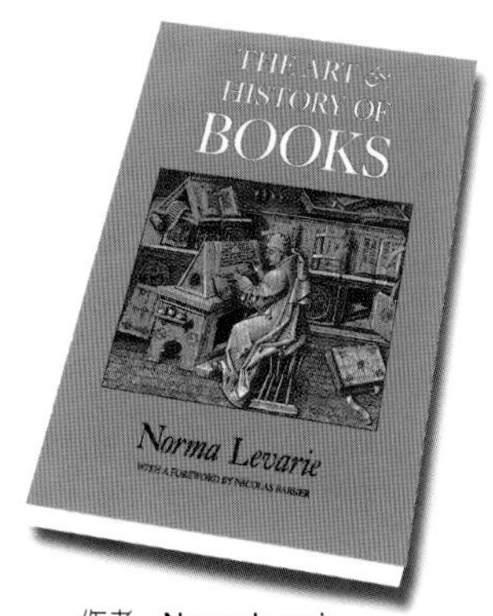

作者：Norma Levarie
頁數：315
出版者：Oak Knoll Press

《書的藝術與歷史》初版於1968年，我讀的是1995年的版本。

這本書書名《書的藝術與歷史》，但都是西方書籍的藝術與歷史。不過，從蘇美人的楔形文字寫在泥板上開始，到埃及人使用紙草捲，到希臘、羅馬一路而下到二十世紀，按重要的時代與地區區隔出不同的階段，把每個階段對於書寫、插畫、印製的觀念演變，都講成了娓娓動人的故事。

我以前知道西方書籍的起源是一種Codex的型態，但是Codex到底是怎樣的一個定義與形式，看了些資料，卻似懂非懂。一直到讀這本書，才明白是怎麼回事。羅馬時代原先還是沿用埃及人的紙草捲型態，把羊皮紙捲起來閱讀，而到了第二世紀，日益壯大的基督徒認為閱讀紙草捲那種捲書是一種異教徒的傳統，為了希望基督徒的閱讀能和異教徒有所區隔，開始把羊皮紙裁成一頁頁固定大小的尺寸，再裝訂成冊，這就是Codex，也就是後來書籍型態的起源。

我們今天閱讀的書，型態都不是中國過去的傳統書籍，而是深受西方書籍製作觀念所影響的書籍，因此要了解西方的傳統與脈絡，可以讀這本書。對了，和李約瑟《中國的科學與文明》那本《紙張與印刷》交互比對閱讀，會很有意思。譬如紙張西傳到歐洲之後，在西方各國的發展，這本書就有更詳盡的說明。

和所有好讀的書一樣，這本書也可以一路當小說讀下去。■

有關閱讀的23個網站

誰說網路上只有垃圾資訊？越來越多的經典、工具書、書評都已經上網，善用這些免費資源，馬上讓你知識功力大增！

「神話大百科網站」

世界民俗神話一把抓

http://www.pantheon.org

猜猜看，什麼網站每個月能吸引五十萬以上的造訪者，每天上網人數近兩萬？答案不是色情網站，而是「神話大百科網站」（the encyclopedia on mythology），想不到吧。

1995年開站的the encyclopedia on mythology，可以說是一部集結世界各地的歷史神話、民間傳奇、英雄故事、動物寓言等民族色彩濃厚的百科大全，它收錄了5,700個世界神話中赫赫有名的主角X檔案，包括傳說中的動物，獨角獸與龍；希臘、日本、美國原住民等不同文化中的神祇；傳說中的國度，例如神秘的亞特蘭提斯、塞爾特傳說中的西方樂土阿瓦隆等等。台灣網友熟悉的觀音也在這裡露臉。

這個熱門網站成功的原因，除了龐大的資料庫、超強的搜尋功能，還結合了使用者方便的概念。不論是教授學者，還是一般平民百姓，只要你對神話有興趣，它都提供了一個友善介面，使用者進入首頁之後，只要點選EXPLORE或搜尋功能，就可以從神話、民俗、寓言、英雄、寫真集、神話家譜的分類，或是世界各國連結中，找到需要的文字與圖像資訊。

有時間的話，逛逛它的Miscellanea功能，會發現一些好玩的東西，像希臘羅馬衆神名字對照表、各國古代節日一覽表、各國神明的本土發音教學，這可是外面找不到的。

網路時代，閱讀變得更方便，「神話大百科網站」就是一個最好的例子！

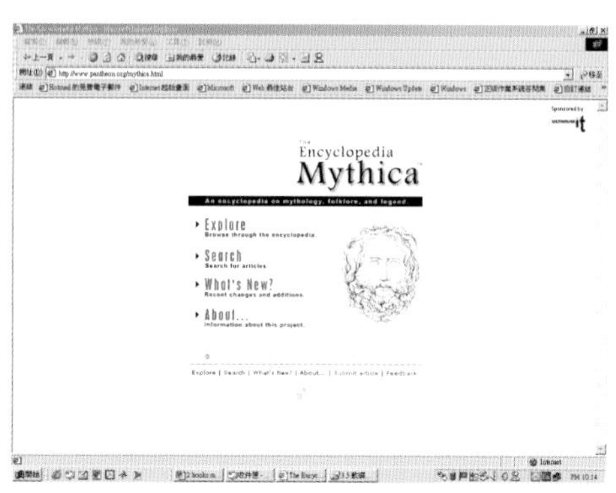

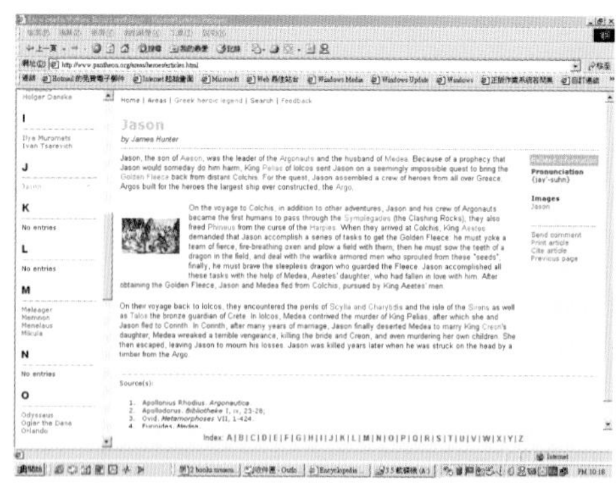

「故宮寒泉全文檢索資料庫」

給我搜進大觀園！

http://210.69.170.100/s25/index.htm

不用羨慕諸子百家，只要一個「故宮寒泉全文檢索資料庫」就能讓你增加二十年國學功力，從此出口成章，變身氣質學術青年！

「故宮寒泉全文檢索資料庫」集合了國學之大成，凡中國古籍文學，都可以在這裡查到全文，使用者不必再浪費時間於網路上苦苦衝浪，來到這裡一切搞定。這個網站的資料庫包括了十三經、史記、漢書、先秦朱子到清史稿，還有《紅樓夢》、《白沙全集》、《朱子語類》、《宋元學案》、《明儒學案》等叢書。

只要輸入一個詞彙，寒泉的搜尋引擎自動會列出這個詞曾出現在哪本書的哪一卷，讓你上窮碧落下黃泉地搜，搜進賈府大觀園都沒問題！

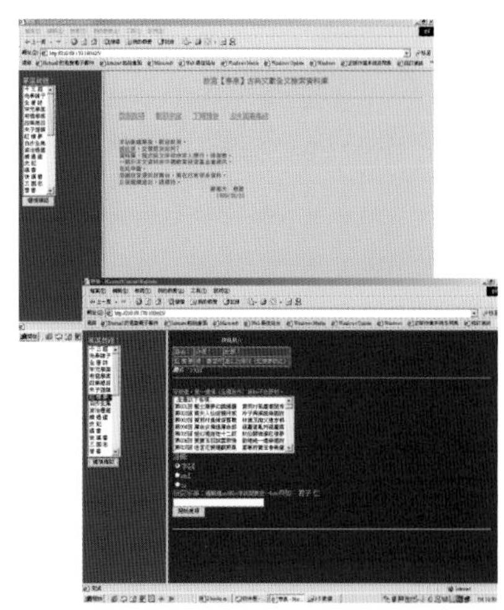

「波修斯線上圖書館」

希臘羅馬神話全都錄！

http://www.perseus.tufts.edu/cgi-bin/perscoll?collection=Greco-Roman

宙斯和雅典娜是什麼關係？請參考希臘羅馬神話Total Solution！

1987年由TUFTS大學設立的「波修斯線上圖書館」(Perseus Digital Library)，重現了古希臘的神奇世界。你可以在這裡查到所有希臘羅馬經典，一次搞清楚神話人物彼此錯綜複雜的關係。舉例來說，只要鍵入Athena雅典娜，它就會告訴你她的父親是宙斯，她在特洛伊戰爭扮演的角色，甚至是她現身在荷馬史詩的哪一段原文，以及相關評論。

更神奇的是，這個網站擁有許多特異功能，點選TOOL選項，可以找到互動式的世界地圖、拉丁及希臘字典、拉丁文與希臘文的詞態學、古代藝術考古的物品說明與圖片等等。除了專業查詢，它讓一般人更親近了古代希臘世界。

名門書評

老字號《紐約時報》書評

http://www.nytimes.com/books/home/

《紐約時報》的書評，不必說啦，愛書人心目中的老字號！不過老歸老，上了網路還是老當益壯，而且多出許多平面版沒有的內容功能。例如，在作家朗誦會現場錄音，聲音檔掛上網路，造福那些無法趕到現場的fans；還有，輪番推出「主題作家」（featured author）單元，提供該作家過往所有作品書評的連結，等於是為紐約時報長期以來累積的書評與新聞資料庫，創造再生價值。真是高招！

考你文學智商，邀你出國比賽！

http://books.guardian.co.uk/0,5917,420031,00.html

英國各大報都有書評版面，不過以線上版而言，《衛報》最值得喝采。除了當週報紙上與書有關的新聞、專題、新書書評這些基本內容，還包括精采新書第一章先睹為快、書籍節錄等。更好玩的是站上的互動設計，益智問答考考你的文學智商、Poetry moodmatcher根據你的性格推薦一首適合你的詩！

還有，這個網站每個禮拜都會推出主題徵文，如果你嫌國內兩大報文學獎不夠看，何不出國比賽拿金牌？當然，你得寫英文才行！

跟著國家地理趴遊寰宇

http://www.nationalgeographic.com/books/adventure/

《國家地理雜誌》和「國家地理頻道」都是愛好自然與旅行的人心目中的聖經，那麼由國家地理推薦的書呢？在選書時，國家地理仍然秉持著一貫對自然、人文地理的關注，選出旅行、探險、旅行家傳記、地理、歷史、文化、科學、攝影集、地圖集等類型的好書。另有Author Appearances單元，提供旅行作家辦簽名會的時間地點資訊，不過地點都在美國，台灣的讀者看看就好了，別太衝動跑到美國去啊！

找書靠網路

買書鐵算盤，幫你度過不景氣！

http://www.addall.com

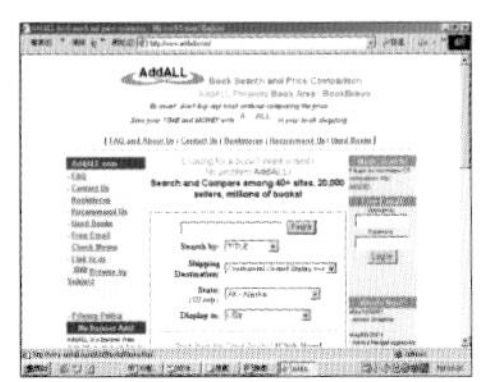

AddALL是能夠同時滿足愛書人胃口和荷包的貼心書店。除了一般的最新書訊以及多重搜尋的服務，AddALL最引人之處莫過於它聰明非凡的比價功能。讀者首先可鍵入書本寄送的目的地所在，再鍵入書名、作者名、關鍵字、甚至是郵寄起點，以進行搜尋任務；在螢幕上一長串的書單之中挑選完畢後，AddALL會告訴讀者同一本書在各家書店的單價、寄送到府所需的郵資、稅額，並精打細算何者總價最低，為聰明的讀者作出聰明的選擇。

讀秀圖書搜索

http://www.duxiu.com

甫建於2004年末、號稱全球最大的中文圖書搜索引擎的讀秀網，效仿Google的簡約首頁設計，數據集中在中文圖書資訊上，包括了圖書書名、作者、出版社、出版日期、定價到封面、內容提要、主題詞、頁數、尺寸、叢書名、ISBN、CIP等等詳盡信息，目前已有一百八十萬種圖書資料上傳。雖然現在還時有小bug，談不上盡善盡美，但僅以可查看圖書封面一項，比之在國家圖書館浩如煙海的文字資料庫裡眼花繚亂地載浮載沉，已是直觀了許多。對讀者和出版業者來說，確乎是方便實在的工具。

閱讀工具

英美文學殺手站

http://www.bartleby.com/

本站幾乎網羅了所有英美文學經典，包括《莎士比亞全集》、希臘神話、詩詞、現代小說。雖然沒有把整個實體書店搬上網，起碼也搬了三分之一。同時，它有一個非常龐大的工具書資料庫，收藏了各種線上百科全書、辭典、聖經、神話學。甚至要查名人語錄都有好幾個版本。用全文檢索隨便輸入一個人名，就可能出現上千筆資料。對於搜尋特定文學文化項目的使用者、譯者、寫手來說，是一個殺手級的網站。

一站抵好幾本字典

http://www.onelook.com/

你給我一個字，我給你全世界！1996年開站的ONELOOK是個提供免費查詢的線上字典搜尋引擎，目前它的資料庫累積了七百三十六個線上字典，三百二十三萬零八十五個字彙連結。ONELOOK與一般字典網站不同處在於，只要輸入想查的字，不但可查到英、法、德、意大利、西班牙文等各國語言的翻譯，它還會列出同一個字在不同線上字典的解釋，使用者不必再一個個站費時地慢慢查，只要按個鍵就能找到所有你想要的解釋。

閩、客、粵攏嘛通

http://www.zhongwen.com

這個站是老外學中文的福音。你也可以考考自己，你真的認識中文字嗎？

zhongwen.com強大的形音義整理功能，是理清漢字那些橫豎彎鉤的一項利器。而且還具備閩南語、客家話、粵語發音功能。只要輸入發音、部首或英文即可查到你想要的漢字，每個漢字都附有英文拼音、字根的組合（例如：美＝羊＋大），及該字的不同字義，並且教導該字筆劃順序、發音方式、及相關詞語等等。此外，網站同時提供許多中文典籍的線上閱讀，包括《道德經》、《孫子兵法》等，以及中文名字、中國習俗禁忌、中國文物音樂等介紹，對於想要擁抱中國文化的人來說，是既實用又有趣的現代馬可．波羅網路遊記。

歡迎投稿的線上百科全書

http://www.wordpedia.com

Wordpedia線上百科全書具備各式工具書的功能於一身，例如在知識檢索方面，「百科知識分類檢索」使得搜尋任務更為簡單有效；「百科全文檢索」首度嘗試同音容錯的檢索規則；「百科進階查詢」則提供單字延伸資訊查詢、知識領域索引等服務。除了多功能檢索，Wordpedia的知識社群也饒富特色，既有一般的最新工具書快訊，也有「線上求知Q&A」定期推出的主題單元介紹生活百科常識；「字詞綜合討論區」則歡迎網友加入解決字詞問題的行列，或是貢獻新詞以充實字庫。另外網站也有「線上字詞典」、「線上電子書店」等相關連結，提供最完整的閱讀百科服務。

經典上網

十三經二十五史任你掉書袋

http://ultra.ihp.sinica.edu.tw/~liutk/shih/

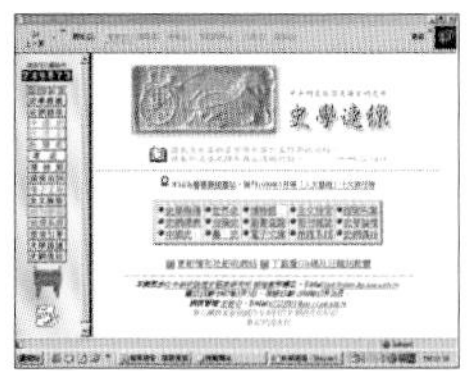

這簡直是文史研究者的天堂。不但蒐集了世界史、中國史等各類實用網站連結，還有漢籍全文檢索功能，使用者可以用關鍵字檢索二十五史、十三經，還有許多未出版的史料如《新清史》、台灣文獻等。例如在二十五史部，用關鍵字「歐陽修」檢索宋史，馬上可以查出宋史中「歐陽修」

這個名字出現的二十四個地方。下次掉書袋前，先來這邊查查典故吧！

唐人詩文作品盡在九思亭

http://www.cc.nctu.edu.tw/~lccpan/newpage124.htm

交通大學副教授潘呂棋昌先生為教學用途所建立的網站，囊括唐代重要文史資料。「唐代文史研究資料庫」將李白、杜甫等唐代文人的作品上網；「書摘與目錄」幫網友消化了好幾部唐代文史研究。其他如《文心雕龍》等前人文論作品，也可以在網站上找到全文。讀完唐人詩文，也可去看看潘呂老師與夫人鶼鰈情深的照片哩！

當莎士比亞和小布希同在一起？

http://eserver.org

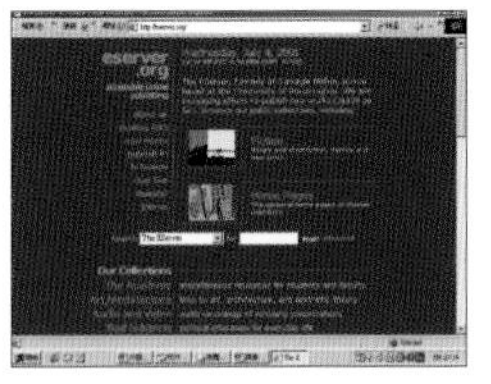

線上閱讀莎士比亞很刺激，但政治是一個壞主題（Bad Subject）！

因為實體出版的激烈競爭與行銷成本，使得古籍與小眾文學出版不易，一群愛讀古書的人看不下去，干脆成立一個非營利性的網站，把荷馬史詩到陀思妥耶夫斯基全搬上去。EServer(English Server)網站從開站至今，至少聚集了三種人：文藝青年、知識分子和學院教授。除了文學，你還可以看到網絡趨勢、小說、戲劇、女性主義、文化研究各類文章。政治版叫做「壞主題」，但除了對小布希不懷好意，還是立意良善地致力於美國人政治觀念的普及。

文藝復興時代經典總整理

http://www.uoregon.edu/~rbear/ren.htm

這個站致力於整理1477至1799年英文作品的線上建檔作業，讀者可以作者姓氏搜尋15世紀到18世紀的英文文學經典。儘管建立線上閱讀的作業曠日費時，Renaissance Edition卻已有相當可觀的成果。培根、狄福等人的著作固不可少，莎士比亞的劇本及十四行詩也一字不漏地呈現在網頁上。網站雖然沒有炫人的查詢系統及相關連結與討論，但踏實建檔並追尋古典的精神已表露無遺，為英文文學讀者提供了豐富的閱讀及參考價值。

法蘭西斯培根的長篇大論

http://ourworld.compuserve.com/homepages/mike_donnelly/bacon.htm

17世紀的政治人物兼思想家法蘭西斯．培根，在艾柯的《傅科擺》裡被寫成一個大壞蛋。不過讀讀他的《培根論文集》，也許你會發現這個人其實還不錯呢！這個網站可以找到《培根論文集》的全文，尤其貼心的是提供了古字新義的對照表，讓讀者深入17世紀英文毫無障礙！

閱讀精選

中國最重要論壇網站之一：「世紀中國」

http://www.cc.org.cn/newcc/index.php

當頗富盛名的香港中文大學中國文化研究所，與內地E傳媒擦撞，將激發出什麼樣的化學元素？

在「世紀中國」網站中，無論是社會、經濟、學術、科技或國際動態等學術性的評論，特別是中國文化現象研究的專業論述，均可在此一覽無遺。美國Bryn Mawr College東亞研究網上推薦「世紀中國」是「Chinese leading web journal on social, political, cultural, and intellectual issues」。2004年初經過一次改版，目前包括「第一時間」、「世紀周刊」、「公共平臺」、「星期文粹」與「學人文庫」五大內容版塊，同時有「世紀沙龍」和「世紀學堂」兩個自由參與論壇。該網站擁有大量的閱讀人口，經統計，所有頁面每周的點擊次數達到幾十萬次，這數字對開辦近五年的「世紀中國」而言，無疑是很大的鼓舞，讓該網站可以榮登目前中國重要的論壇網站之一。

天涯社區

http://www4.tianyaclub.com/default.asp

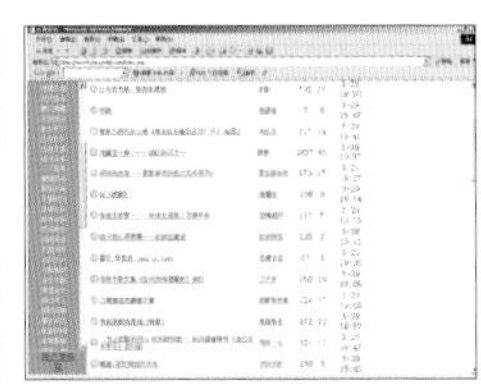

「海內存知己，天涯若比鄰」。天涯是小知網民中口碑不錯的網路虛擬社區，從1999年的小小論壇，五年間成長為擁有百萬會員且具有濃厚人文氣息的龐大社區。二百多個論壇，十萬多個blog，日在線人數達一萬六千，日訪問量一千萬。簡潔的界面、便捷的操作、豐厚的內容和濃濃人文味，讀書頻道水準不差，頗有些藏龍臥虎混跡其中。品藻書籍文章，反芻風雲人事，也有或頂奇形怪貌ID或行不更名坐不改姓的作者，大作出版前就貼上論壇供人先睹，就連打口水仗也不乏機俏，對秀才們而言是個好玩的網站。

到「沙龍」當文藝交際花

http://www.salon.com

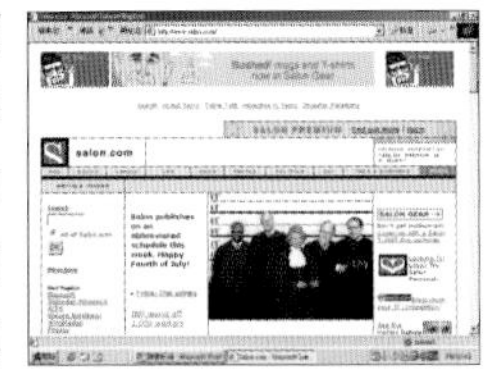

SALON是Internet上最繽紛多樣的交際場，並且洋溢着迷人的美國風。要打入SALON的交際圈，你可以觀察一下最新書訊或其他生活新知，可是別忘了旁邊還有更多值得你閱讀的好東西。在這裡你可以更接近政壇或藝壇名人，也可以獲知賺錢的一萬種方法。

進諾貝爾文學獎廟堂燒把香

http://www.nobel.se/literature/laureates

不論如何，每年10月總是中國與世界文壇最緊密連系的一刻，諾貝爾文學獎的桂冠被誰摘下也是各媒體最熱衷的話題，面對2004年諾貝爾文學獎得主耶利內克的旋風，一干文評家和出版者就傻了眼。有早就想出版《鋼琴教師》可遲遲難下決心，尤因耶利內克在性描寫上的大膽，令不少道德人士望而卻步。如何看待諾貝爾的各項獎事，何妨到此網站一行。Nobel e-Museum裡供奉著歷年桂冠得主的珍貴檔案。整座網站與其說是museum，不如說更像革命先烈英雄館吧。在眾聲喧嘩之中，何妨偶爾穿得樸素些，進去參拜一番。

名家齊聚中評論壇

http://www.china-review.com/zpym/execute.asp

中評網的「中評論壇」每週話題，涵蓋了大眾、人文、讀書、經濟改革、經濟學理、中國與世界、宏觀中國、資本、知識經濟等十一大塊論壇，每個話題平均約有五個以上的相關評論，且面目完整地提供不同面向的思考。論壇中不乏名家作品，例如從全球化的角度思考中國文化產業，就有來自費孝通、張海明、呂延杰、金元浦、方李莉、麥智巨等人的大作。這是一個關心中國議題的思考者不能不參考的重要網站。

超星圖書館

http://www.ssreader.com/

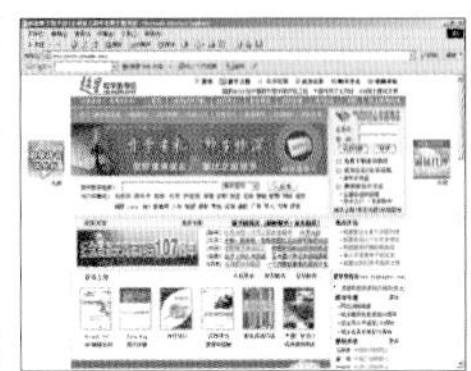

超星數字圖書館的館藏量達到數十萬電子圖書，並且還在以每天數百本的速度增長。該館口號是「讓更多的人，讀更多的書」，當然前提是要購買本館的讀書卡並藉助超星獨家閱讀軟件。網上圖書館並不少見，難得的是該館在中國首次提出電子圖書版權解決方案，並大規模的開展與作者和出版社的簽約授權工作，至今為止獲得了二十一萬位作者的授權同意，算是相當下工夫。雖然「同志仍需努力」，但畢竟是給網上閱讀的知識產權保護開了個不錯的頭。■

Part III
Voices
閱讀筆記

看賈寶玉大吃大喝心情也變好！

柯裕棻 *57年次*

身份：世新大學公共傳播系教授，專長文化研究、媒介批判、後殖民論述，作品曾獲時報文學獎及旅行文學獎

著作：作品見於《冬日遊牧》（華航第一屆旅遊文學獎作品集）等

BOOK FILE
《紅樓夢》
作者：曹雪芹

柯裕棻說書：

在《紅樓夢》的一百二十回章目中，前八十回重點在賈府的太平盛世，後四十回是由盛轉衰的悲劇。柯裕棻特別推薦前四十回，因為當中詳細描寫了賈府眾人大吃大喝的熱鬧場景，非常具有感染力，大吃大喝在中國人文化中一向代表好事情，讀者很容易感染到它的愉悅氣氛。

《紅樓夢》的主角們為了一件小事而作詩，看到花開就開心地摘來送人，這些生活中的愉悅可以塞滿空洞的心情，讀者可以整個心思都沉浸在細節裡，忘記身邊的不愉快。

柯裕棻由飲食男女的角度來看《紅樓夢》，一提到書中大吃大喝的場景，她就笑得很開心。每當心情鬱悶，她會重讀這本書，整個人沉浸在大吃大喝的熱鬧場景，仔細體會書中對生活的講究。她最欣賞的是書中主角們都很知道怎麼過日子，表面上看是富貴閒人的奢侈，但這奢侈卻又是從小東西講究出意義，這些意義會驅走人心中的不愉快。

對柯裕棻而言，鬱悶是種莫名的東西，有時覺得自己人生的路很窄，事實上不是如此。在她來看，人生有如做困獸之鬥，個人常被結構性的位置、個人的選擇給綁住，轉寰的餘地有限，這時只好從小說尋求解脫。

《紅樓夢》對飲食、對人生中單純小事物的用心並不難，但大家常因爲種種原因而忽略它，換個說法，現代人都不知道怎麼過日子。如果不能從日常生活尋求單純的快樂，柯裕棻說，實在不知道還能往哪尋找。

學會調侃自己才是夠堅強！

蕭菊貞 *60年次*

身份：影舞工作室/紀錄片導演，作品自1994年發表至今，曾獲得金穗獎、金帶獎、金馬獎(1999、2000)、台北電影獎(1999)最佳紀錄片等獎項，並曾入圍南韓、新加坡、日本等國際影展

紀錄片作品：博盛，這孩子、端午、陽光愛情、火鶴、血染的青春、紅葉傳奇、銀簪子

蕭菊貞非常喜歡看繪本，《莫語錄》是她在鬱悶時的第一直覺，她以馬歇馬叟的話形容莫迪洛的作品：「幽默是對絕望的恭維。」

平常因為工作壓力大，沒有太多時間讀小說，蕭菊貞會在書桌上擺著莫迪洛的作品，它的好處是：可以隨時擁有，又可以隨時丟開；讀的時候不會有負擔；不論何處只要翻開書就可以進入莫迪洛的作品片段，享受他帶來的驚喜。

蕭菊貞覺得莫迪洛是一個厲害的哲學家，擅長營造作品情境，巧妙地挑出人的弱點，乍看之下會覺得書中的角色很可笑，但轉而一想，自己也不過是半斤八兩，自己不願意承認的那一面，在他面前似乎無法掩藏。

蕭菊貞說，我們都被太多現實所綁住，覺得世界就是眼睛所見的模樣，但莫迪洛予人想像空間。「沒有人能用外在的事物去壓制個人的想像力與自由，而想像力是人面對困頓時最能發揮的東西。」

當人絕望時，只要換個方式，絕望就可以有另一種解讀，正如她看莫迪洛的作品時會想，人就算要死，還是可以死得快樂一點。蕭菊貞說：「當人學會調侃自己，就代表他已經堅強得足以面對自己。」

BOOK FILE

《莫語錄1.2.3》
作者：莫迪洛
出版：格林

蕭菊貞說書：

來自阿根廷的莫迪洛擅長用黑色幽默戳出人性醜陋、貪婪及可笑的一面，創意一針見血，讓你不得不承認，又不得不哈哈大笑。他的表達方式正如馬歇馬叟一樣，承襲西方的黑色幽默傳統，這種傳統在東方社會比較少見。蕭菊貞推薦，面臨壓力時看他的作品特別過癮。

好書就像巧克力，一次只吃一小口

凱西 *63年次*

身份：插圖及文字工作者，1995年創造出凱西風潮，發表一系列以凱西圖畫爲主的筆記書以及週邊商品

著作：《寂寞殺死一隻貓》、《愛報告》等

去年11月，凱西帶著《遠方的鼓聲》到溫哥華旅行，從此只要遇到鬱悶的時候，她都會讀這本書。

凱西去年面臨生活中一些混亂的狀況，因此村上春樹寫《遠方的鼓聲》的心情讓她感同身受。七、八年前她就是從溫哥華的旅行回來後，開始定下心寫作及畫畫，所以遇到壓力時她又想回到這個開始的地方。但是，從溫哥華回來後，凱西發現要在別的地方找答案是不可能的——沒有帶去的東西也不會帶回來。只有這本《遠方的鼓聲》感染了溫哥華自由自在的空氣，給予她安定的力量。

感受力強又具想像力的凱西形容看這本書時，就好像附身在村上春樹身上，她跟著村上去慢跑，跟村人打招呼，聞海水的味道……。她說自己就像《巧克力工廠》的小女孩一樣，每年只能得到一個巧克力，每次都珍惜地只吃一小口，不想把它吃完，《遠方的鼓聲》就像她的巧克力，是一本她希望一輩子都不要看完的書。

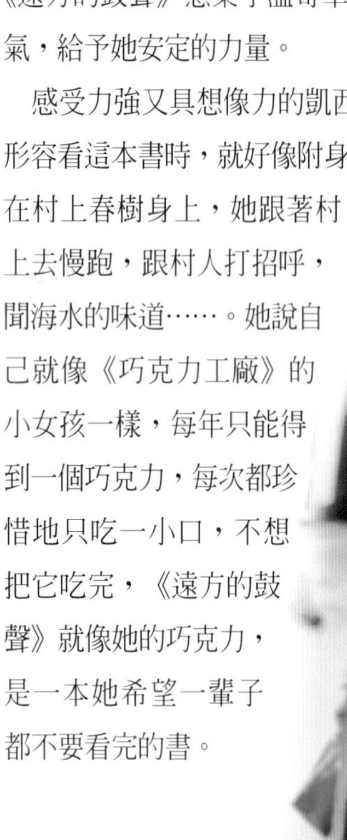

BOOK FILE

《遠方的鼓聲》

作者：村上春樹

出版：時報文化

凱西說書：

寫《遠方的鼓聲》時，村上春樹正面臨四十歲的分水嶺。當時他的作品已經得過獎，許多瑣碎的事圍在他身邊。他卻覺得有些事在四十歲之前不做，以後就沒有機會做。有一種自己如果不離開日本，會失去什麼東西的感覺，所以他非走不可，彷彿聽到遠方傳來的鼓聲喚著他做決定。

這本書就是這段時間村上春樹的旅行日記。凱西隨著村上春樹在書中旅行，彷彿也聞到希臘的海水味道、隨興地停下來和路人交談……。

生命會找到自己的出口

火星爺爺 *55年次*

身份：蕃薯藤數位科技互動媒體服務部/總監，曾任花旗銀行、滾石唱片行銷，喜歡用分身——火星爺爺在網路發表作品

著作：《給下一個世紀科學小飛俠的37個備忘錄》

曾經在銀行、唱片公司從業，現職網路的火星爺爺，一路走來都在玩創意行銷。生性樂觀的他，平日對勵志類的書會保持一段距離，不過《潛水鐘與蝴蝶》對生命的熱愛讓他十分感動。

火星爺爺說，生命會找到自己的出口，書中主角即使被困在病床上，但他的想像力仍是自由的，在他對生命美好的描述中，沒有悲傷與自憐，讀者也感染到他對週遭生命的情感，這正是面對逆境時能支撐人們的最大力量。

BOOK FILE

《潛水鐘與蝴蝶》

作者：尚──多明尼克‧鮑比

出版：大塊文化

火星爺爺說書：

法國ELLE雜誌前總編輯鮑比，因為中風癱瘓，全身只剩左眼皮還可以動，於是他靠眨著左眼，一個字母、一個字母地寫下這本書。

貞子都可以從墳墓中爬出來，不景氣算什麼！

盧郁佳 *59年次*

身份：自由作家，經歷包括給我報報、自由時報「天生玩家」版主編、首映電影雜誌總編輯、明日報藝文新聞中心主任等

著作：《吃喝玩樂最善良》

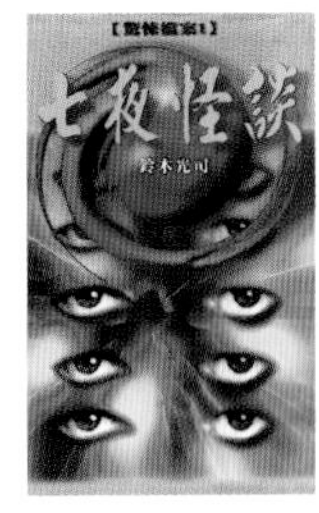

大家會覺得《七夜怪談》小說是承受電影餘蔭的作品，事實上小說本身比電影更精彩。這本書從1991至1999年在日本銷售量高達二百八十萬本，1998年出版的第三集銷售也超過一百萬本。《七夜怪談》成功後，許多日本年輕人想效法鈴木光司，但鈴木光司走紅之前也曾在家裡窩了十年。盧郁佳覺得不景氣是個比誰命長的考驗，考驗人的韌性與定力，如果不景氣有十年，如果環境不能改變，盧郁佳說，自己的努力才是希望的來由。■

BOOK FILE

《七夜怪談》

作者：鈴木光司

出版：加珈

盧郁佳說書：

因為傳說中的詛咒錄影帶而引發一連串死亡事件，經由主角追查，才發現病毒感染，以及錄影帶裡貞子的真相。

古墓奇兵與元朝間諜

一本書翻出吳哥窟失落的歷史

文──李康莉

「花樣年華」的最後，梁朝偉來到一個巨大而荒蕪的神廟遺址，把他的愛戀與悔恨，向一個樹洞訴說。今年夏天，人氣電玩改編的電影「古墓奇兵」，也看中了同一個場景，女打仔蘿拉即將在那神秘的遺跡中一展身手。許多人已經在電影院裡竊竊私語，那是什麼地方啊？

那是吳哥窟。藏在柬埔寨密林深處的珍寶。它的發現跟一本書有關。

我們今天看到的吳哥窟遺跡，建於九百年前，是西元十二世紀初，眞臘王朝鼎盛之時，爲崇敬印度神祇與國王賈雅瓦曼二世而建。眞臘王朝國祚總共綿延了六百年，而吳哥窟正是王朝極盛之時的建築。吳哥窟壯麗的寺廟與石塔，在當時都算是摩天大樓了。

石橋上神魔們排著縱隊，石塔上也隱約露出賈雅瓦曼七世微笑的臉孔……。這座神祕遺跡雖然豐富，卻沒有留下太多文字的線索。加上柬埔寨氣候潮濕、典籍保存不易，以及二十世紀中赤棉共軍的文化屠殺，有關這麼一座古城的史料付之闕如。幾百年來盤根錯結的板根樹，把吳哥窟的歷史包藏在密林裡。

當初，一位法國探險家無意間發現了吳哥的舉世奇觀，把它帶到西方人眼前。頭戴寬邊帽、手拿釘錘的考古學家們，在讚嘆之餘，卻爲它的來歷傷透腦筋。

正當他們束手無策之時，竟然意外從中國的典籍中，找到吳哥失落的歷史。最重要的關鍵證據，是寫在七百年前的一

UIP 提供

Corbis

吳哥窟壁上的雕刻，記錄神話，也敘述歷史與戰爭。

本小書——周達觀的《眞臘風土記》。

周達觀是元朝人。西元十三世紀，他奉帖木兒之命，出使眞臘（即今日的柬埔寨）。當時元代急於拓展國力、並與周邊「小國」發展經貿關係。抱著宣揚國威與偵查敵情的重責大任，周達觀在眞臘埋伏了十一個月，並將所見所聞逐一紀錄。

誰知道周達觀才離開不久，吳哥皇朝就戰敗南遷、步上覆亡之途。他的間諜身分使他意外地成爲吳哥盛世的目擊證人。而他留下的《眞臘風土記》，成爲五百年後唯一得以解開吳哥荒城之謎的一部天書。

當身材勁爆的現代古墓奇兵蘿拉，單手懸吊在古墓石壁上大喊：必須找到失落的三角形，才能拯救宇宙，我們彷彿看到元代古墓奇兵周達觀，從衣袖裡亮出一本《眞臘風土記》：解開吳哥窟之謎的失落三角形，就在這裡啊。

事實上，許多古老文明的發現，總是依賴奇蹟與巧合。存留下來的遺跡，又總是帶給現代人無邊的想像。

年輕的建築師A，旅行成痴，好奇的慾望帶領他在數月間穿越熱帶叢林、征服每一座遠古的神殿。甫自瓜地馬拉返國的他，聊到吳哥與馬雅兩大古文明之間的差異。

「馬雅記憶歷史，吳哥則記憶神話。場所精神大不同。」A抽著99年的Seduce雪茄，語帶玄機地說。在煙霧繚繞中，神情靜默的A穿越在馬雅遺跡的斷垣殘壁間，俯瞰戰士的圖騰；吳哥皇城的壁面，則有印度教濕奴神的浮雕與天女舞踊。「雖然接下來的話頗有文明國家的偏見，但我還是認爲馬雅的衰敗是歷史的必然。所有的土地都拿來蓋墳墓。馬雅的城池被歷史的重量壓的喘不過氣，終於累倒在荒煙蔓草間。」

「吳哥不同，它是神靈的居所。在敵人佔領之前，吳哥人就先讓神話佔領了吳哥城。先有印度教濕婆神進駐，蘇耶拔摩七世改信佛教後，則開始供奉佛陀。它的宏偉都是爲了成就對神明的敬畏。」這種宏偉明顯地展現在吳哥主廟階梯的構造上。傾斜七十度幾成垂直的階梯，向上攀升數里，可能連盧貝松的企業戰士，都要雙手合十，才有膽子爬上去。

神聖的極致就是恐怖。任何衝撞視覺想像極限的、過分巨大的景象，都會讓人覺得不寒而慄。

遙想上個世紀的探險家，偶然在柬埔寨濃密的熱帶叢林裡迷了路，正擔心叢林深處伸出一隻獸爪，一座杳無人煙又傾圮毀壞的東方建築就豎立眼前，背後還有五十四座高塔，而每個高塔四面都雕刻著巨大

吳哥窟小檔案

Angkor，號稱亞洲四大奇景之一，位於今日柬埔寨北方，西元九世紀由賈雅瓦曼二世（Jayavarman II）所興建，歷代君主陸續建造擴充。十五世紀吳哥皇朝國力漸走下坡，終於在暹羅人攻打下棄守城池，遷都金邊。

吳哥皇城共有六百多個建築物，包含著名的吳哥城(Angkor Thom)和吳哥窟(Angkor Wat)。吳哥城是結合皇宮、閣員辦公室和儀典廟堂的綜合建築群。最頂端的巴楊寺(Bayon)，四周環繞162座連綿的寶塔。吳哥窟是皇城的寺廟，春筍式的塔體，外圍190公尺寬的壕溝，充分洗映出迴廊光影鑲嵌的立面。

濕婆開門──開啓吳哥窟的五把鑰匙

經濟不景氣，沒錢去旅行？只要找到五把鑰匙，就可以在家中坐享吳哥美景。想去吳哥實地探訪一償宿願，沒有這五把鑰匙，也很難進得去。

Book

1.《獻神的舞欲》，徐世怡，皇冠文化出版

你可以不去吳哥，但一定要看這本書。

結合建築、旅遊、歷史觀點的深度報導。林懷民稱其為近年讀過最具感染性、最過癮的旅行文學。吳哥迷的中文聖經。

從吳哥的歷史與神話探索吳哥文明興盛衰敗的軌跡。徐世怡如此解讀吳哥巴洛克式的華麗：「神話抓到崢嶸石城來保持華麗，靈魂抓到美麗神話來維持平衡。」古蹟建築反映的是人性慾望。為了合理化人性的墮落與昇華，人創造了神。書寫吳哥，徐世怡書寫的是人類文明永恆的脆弱。

2. Angkor：Heart of an Asian Empire，Discoveries

如果買不到吳哥的錄影帶，本書精美豐富的圖文可以作為替代。

重點在吳哥發現者的故事，而非吳哥人的故事。書中收集許多珍貴的史料，回顧殖民時代西方探險家發現吳哥的歷史淵源，與不同世紀西方人對吳哥的想像。書後並收錄歷任探險家的札記。以發現吳哥的觀點出發，卻自省式的打破吳哥窟「被發現」的殖民主義觀點。是了解吳哥文明在西方歷史定位的重要指南。

Movies

1. 電影【古墓奇兵】，派拉蒙影業

好萊塢今夏強檔大片。美少女拯救世界的故事。

由風靡世界的電玩「古墓奇兵」改編。安潔莉娜裘莉飾演的考古學家──蘿拉，要在四十八小時內找到開啓時空之鑰的兩半神秘三角形，才能挽救世界末日、改變人類的未來。片中兩大主要場景──光舞墓和萬影窟外景分別在柬埔寨吳哥窟與西伯利亞拍攝。吳哥迷、電玩迷、裘莉迷必看。

UIP 提供

2. 電影【花樣年華】

王家衛迷與吳哥迷因本片發生關係。

導演王家衛。本片獲得第五十三屆坎城影展最佳男主角及攝影剪輯技術大獎。敘述梁朝偉的太太和張曼玉的老公暗地私會，讓婚姻寂寞的兩個人，形成了另一段曖昧的婚外情，王家衛以浪漫寫意的手法刻劃幽冥曖昧的戀情，拍出六〇年代懷舊復古的香港。全片結束在柬埔寨的吳哥窟，驚鴻一撇，卻使壯麗的吳哥之美首度搬上大銀幕。

Music

1. CD【Khmer】，Nils Petter Molvaer，ECM Production

專輯名稱就是「真臘」。這張專輯真的很辣。

在吳哥窟開舞會是什麼感覺？從封面兩個纏糾結的戰士身體就可以略知一二。挪威爵士小喇叭手Nils Petter Molvaer，用融合民族音樂、古典Jazz、和北歐電子音樂營造出一種古老又前衛的迷幻情調。閉上眼睛，你可以看到吳哥壁上的仙女在柔奶大海的波濤間搖頭跳舞。

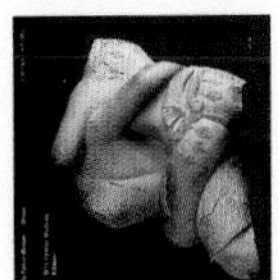

《真臘風土記》節錄

看看元朝間諜周達觀眼中的吳哥窟……

州城周圍可二十里，有五門，門各兩重。惟東向開二門，餘向皆一門。城之外皆句濠，濠之上皆通衢大橋。橋之兩傍，共有石神五十四枚，如石將軍之狀，甚巨而獰，五門皆相似。橋之闌皆石為之，鑿為蛇形，蛇皆九頭。五十四神皆以手拔蛇，有不容其走逸之勢。城門之上有大石佛頭五，面向四方。中置其一，飾之以金。門之兩旁，鑿石為象形。城皆疊石為之，高可二丈。石甚周密堅固，且不生繁草，卻無女牆。城之上，間或種桄榔木，比比皆空屋。其內向如坡子，厚可十餘丈。坡上皆有大門，夜閉早開，亦有監門者，惟狗不許入門。

出版者：中華書局

《真臘風土記》簡介：

真臘(Khmer)，即今日的柬埔寨，吳哥是當時的皇城。周達觀在吳哥境內停留了十一個月。返國之後，以旅居真臘期間所見所聞完成《真臘風土記》。出於兩國的貿易互動考量，書中對真臘的地理建築、風俗習慣、奇珍異品、民生飲食等都有生動的描述。以敵情偵查與商情報導的概念出發，本書卻意外成為了解吳哥歷史的一手資料。

我們可以說沒有《真臘風土記》，就無法重塑吳哥的歷史。西方的探險家，看到那麼宏偉的建築，險些一口咬定是自己的祖先希臘羅馬人的傑作，幸好有《真臘風土記》為吳哥驗明正身。書中怪伯伯偷窺並動輒用文言文嘲笑真臘人的行為則十分可疑。

頭像，樹叢間共有216個神秘臉孔在沉思的表情中隱現出難解的微笑，探險家可能當場嚇得變成石頭。

「這是個邪惡的地方」。後來的傳教士，緊抓著手中的十字架，亦言之鑿鑿。

其實哪有什麼邪惡呢？從周達觀的《眞臘風土記》中，我們可以讀出當地人栩栩如生的生活畫像。周達觀描述袒胸露背的當地女子、酷愛乾淨的眞臘人、來自深山的眞臘「原住民」，還有在當地做生意的漢人。透過閱讀，神秘可怖的遺跡，成爲可親的所在。曾經有人在這地方生活過、愛慾過。

最後一塊拼圖到齊，吳哥的歷史得以重見天日，西方人發出了驚奇的讚嘆。俯瞰底下忙碌的眾生，吳哥壁上的石像笑了。「有什麼好驚訝的？我們可是一直在這裡！只是暫時被世界遺忘罷了。」

有的時候他們笑的太大聲，以致整個叢林都震動了起來。 ■

卡爾維諾與塔羅牌

——從《命運交織的城堡》談起

文、圖片提供——納蘭眞

義大利作家卡爾維諾藉用兩套不同的塔羅牌鋪陳出兩個不同系列的故事：《命運交織的城堡》和《命運交織的酒館》裏，一群不知道爲了什麼而聚集在城堡（以及酒館）之中的旅客，或因驚恐、或因疲憊而啞然失聲，手邊唯一能用來傳達意義的東西只有塔羅牌。於是一個接一個地、他們將不同的牌張攤鋪在桌上，藉由牌面的圖樣，以及牌與牌之間的聯想，各自傳達他們所想傳達的故事。每一頁文字旁邊列印著的，是敘述者擺在桌面上的牌：杯騎士，幣國王，幣十，倒吊者……

卡爾維諾在這本小書的附記裏說：「這個主題已令我沈迷多年。我先從隨機排列塔羅牌開始，看看我能否讀出其中的故事……我明瞭塔羅牌是一套建構故事的機制……我被這個以一組塔羅牌召喚所有可能故事的惡魔主意所蠱惑。」很明顯的，塔羅牌那以圖會意的特質，讓卡爾維諾對圖像聯想的興趣和耽溺得到了最大的發揮；這兩個系列說出的十七個故事裏頭，充滿了華美的綴飾，奇突的聯想，倏忽來去的轉折，以及因此而產生的、迷離難解的收尾……

在這裏我們且不討論意識與深層意象一類艱深繁瑣的解構技巧——因爲我其實並不認爲眞能解出一個大家都能同意的答案，單以最表面的形式來看，很明顯的一件事是：就作家而言，這是他精心設計過的遊戲，而遊戲的規矩佔據了他絕大多數的思維；但對讀者而言，造成的閱讀障礙卻不可謂不深。即使他宣稱自己所用於塔羅牌的，是「看圖說話」的機制，也就是說讀者懂不懂塔羅牌的占卜都不打緊，只要有圖就成了，但是對文化隔閡甚深的華文讀者來說，情況可並沒有這麼簡單。

最明顯也最不容易跨越的第一個問題就是：塔羅牌是個什麼東西？

在台灣，塔羅牌雖然已經不能算是什麼新鮮的名詞，但是對大多數人來說，卻仍然稱得上是一個陌生的事物。這種發源地已不可考、中世紀之後大盛於歐洲的占卜用紙牌，其淵源據說可以上溯數千年的歷史。融合了埃及、印度、希臘、北歐乃至於基督教等不同文化的元素，擷取了各種深沈的意象與象徵，在流傳與繪製的過程之中增增減減，分裂而又復合，到如今世界上通行的塔羅牌版本，恐怕早已超過了數百種；而且，還在無止無休地繁衍之中。

這個數目聽來誠然有點驚人，不過至於今日，比較正統的塔羅牌雖然畫面有所更改，色調各有高低，但基本上相差總不會太多。總的來說它們可以分成兩個部分：主牌和副牌。主牌有二十二張， 副牌五十六張（是樸克牌的前身），所以整副塔羅牌基本上應該要有七十八張牌。我在歐美所看到的塔羅牌型錄，從沒有將主牌副牌分開來賣的。

但是塔羅牌來到台灣以後，或者是因爲出版社擔心大家初學乍練，看到全牌會退避三舍罷，就給精簡得只剩下二十二張大牌了。而且說來可憐：只因爲塔羅牌是一種很容易藉由圖像的聯想來作占卜的工具，很多人知道塔羅牌又是經由日本漫畫的渲染（像《金田一少年事件簿》裏，就有一個「塔羅山莊殺人事件」）。這個在歐美極受推重、甚至讓容格定格爲「人類集體意識結晶」的牌占，竟給大部分人當作新新人類的流行玩意來對待，眞是橘踰淮而爲枳了。

之所以會變成這般情狀，當然是出於文化的重大隔膜。要說塔羅牌是人類集體意識的結晶，我雖然一向尊敬容格，卻恐怕他仍然免不了有西方人那優越意識自我膨脹的嫌疑；因爲塔羅牌中的文化內容固然包羅萬象，完全可以當作神話學與民俗學的寶庫來看待，但不管怎麼說，遠東地區的文化因子給涵蓋進去，還只不過是近幾十年的事情。想像二十世紀初期好萊塢電影對中國的認知，仍然只限於綁著豬尾巴的陳查理，則遠東地區所理解、所繪製的塔羅牌往往頗爲粗糙，也就理所當然得很了。

再回過頭來檢點《命運交織的城堡》，卡爾維諾所受的限制也就十分明顯了：書中使用的牌既然是純粹的中世紀產物，整個系列所呈顯出

來的，自然無法不以中世紀的風格爲主。即使卡爾維諾設法在敘述中加入了電氣原子一類的元素，仍然無法撼動先天早已固定的風格。如果他手上的塔羅牌是獨角獸牌或龍牌，乃至於貓牌、精靈牌，不必想也知道效果定然大不相同。

《命運交織的城堡》裏使用的兩套牌是很標準、很正統的，也就是說它們的內容與圖面元素都非常多樣——否則的話，原也很難讓作家產生如此繁富的聯想。

在閱讀《命運交織的城堡》的時候，古典而錯縱的意象紛至遝來：劍皇后可以是安琪麗卡，來自支那的魔女；可以是驍戰的女武者，趾高氣昂；命運之輪可以是奧林匹克的山巔，也可以是煉金術士的黃金之城；浮士德、哈姆雷特、奧蘭多與阿斯托佛輪番上陣，雜要者、掘墓人、天使和惡魔攜手共舞……。

我覺得非常有意思的是：這些意象我雖然不是不知道，但它們和我的情感卻起不了什麼共鳴；可對義大利出身的作家而言，這些故事與文化命意想必如同呼吸一樣地自然，無時無刻不在他的意識與感應中洶湧浮現。牌陣雖然交織雜錯，敘事的主線雖然分裂盤旋，仍然可以很清晰地看出創作者主要的興趣和色彩：遭逢與解釋，選擇與承受。然後在命運的軌跡裏，剜精竭慮地尋找其實不可能合理的答案。唯其如此，作家的努力便似乎只能集中在那近乎無有止境的意象和聯想上，乃讓我覺得這種種的迴盪繚繞投射而出的，其實只是作家對繁雜人世找不到焦點的探索，所有賦它們以意義的嚐試，與事項的本身對照之下，除了反照創作者自身的心靈之外，其他都只是徒勞。

很像是戰國策裏的幾個句子：「文士併斥，諸侯亂惑，萬端俱起，不可勝理；辯言偉服，戰攻不息。繁稱文辭，天下不治……。」

但這是塔羅牌的錯嗎？我其實覺得它們什麼也沒有說。 ■

參考網站：
紙牌博覽館：http://www.tarot.com.tw/
塔羅牌的世界：http://med.mc.ntu.edu.tw/~b0401087/tarot/

《微物之神》降臨聊天室

歡迎光臨2 Books Museum，由貓館長與貓頭鷹館長主持的閱讀聊天室。當狡黠的貓與博學的貓頭鷹在網路世界里歧路相逢，且看他們各自置身不同城市，閱讀同一本書，彼此分享書籍帶來的驚奇體驗。

文——貓頭鷹館長VS貓館長　圖——TICO

[cat] 呼叫貓頭鷹！

[owl] 我是貓頭鷹。

[cat] 現在開始談一下《微物之神》吧！

[owl] 《微物之神》其實很不好讀。

[cat] 其實剛開始讀第一章時，書中複雜的人物、無法一窺究理的跳接劇情，讓人覺得讀起來有些辛苦。但雖然如此，開頭的場景描述，卻讓顏色和味道一股勁衝進腦門裡，那種感覺就像看著眼前擺上一道色香俱全的印度咖哩美食，嚐了一口，所有的辛辣香料瞬間在口腔中漫開來，化為一種感官上馬上就能體驗到的印度。

[cat] 我把我寫的文字copy給你囉，哈哈哈！

[owl] 難怪……以為是愛德華快手上妳身了……。

[cat] 承認吧，第一章開始看的時候是不是霧裡看花？

[owl] 第一章用力地假裝自己懂……要不就在內心承認自己功力太差。

[cat] 我剛開始還不看注釋，後來根本搞不懂什麼克加瑪、芒恩的……於是決定睡覺，第一章我看了兩次。

[owl] 其實拿掉所有的文詞經營……《微物之神》的故事是作者單純的自我鄉愁之旅。

[cat] 其實這是一個很常用的愛情故事，就是富家千金愛上長工那種，只是加入孩童的眼光，而且這千金小姐還離過婚，劇情結構勁爆了些罷了。

[cat] 可能因為故事本身的單薄……所以作者極盡心力對文字施加想像空間的創意與巧思。

[cat] 我覺得洛伊是一個很會說故事的人，而且小說電影的元素很濃，看小說時常有一堆顏色、嗅覺隨著文字刺激我的感官。

[owl] 其實……在求學時代，我們往往把文學名著看得太嚴肅沉重了……如果把看經典之作當成是在看偶像劇……我相信過程會比較輕盈柔順。

[cat] 劇情童年和成長切換對比，很電影耶，找那個拍「天堂的孩子」的大導演來拍應該是個好看的電影。

[cat] 是啊，我就喜歡維魯沙啊，但不能是金城武來演，會失敗。

[cat] 我喜歡洛伊對一些事情半帶嘲諷的描寫，例如「歷史的味道。微風中即將凋謝的玫瑰的味道……」。

[owl] 洛伊的嘲諷其實是站在對印度那塊古老土地的深情與看顧。

[cat] 嗯，就像我們也常開台灣一些黑色玩笑，心情是一樣的。

[cat] 這本小說我較喜歡描述童年的部分，不過我想那是大人的世界太沉重且無聊，全球一致，不論古

今。

[owl] 很多文學作品或電影……都會對童年有所描述……其用意在為成長後所有被扭曲的經驗做解釋……童年於是成為成人世界的一種救贖。

[cat] 人的一生童年時間很短。我在大陸買童書，他們叫小人書，所以童年是小的，也是「微物」的一種，就像阿慕和維魯沙只能把握彼此肌膚之親的片刻，然後替一些蟲子、樹葉取名字，在那種大環境下，這是僅能把握的幸福。

[owl] 貓館長……妳覺得洛依的微物觀與村上春樹的心理標籤化……哪一個吸引人？

[cat] 不相上下吧，不過看兩人的作品是不同的心情，村上的作品看完有種淡淡的憂鬱，可是洛伊的作品我看完內心卻覺得安慰，我想洛伊是較包容較寬廣。

[owl] 洛伊的微物觀有一種心靈上的清澈與包容……村上的名牌物質則是一種心理上的喃喃自語……我二者都喜歡……而村上的小說比較容易讀也是原因之一。

[cat] 處理生命的議題本來就難，太大了，但洛伊可以把它放置在歷史的無奈、時空的流轉間，然後讓人覺得「啊～就是這樣」，然後一切都放下了。

[owl] 看完海明威的《流動的饗宴》會讓我有一股衝動想去巴黎……但是看完洛伊的《微物之神》卻把原先我想去印度的打算取消了。

[cat] 我倒還好耶，和你相反，我卻有點想去看看，或許是懷抱一種詼諧的角度去看一些我們不可思議的事。

[owl] 我認為《微物之神》可以是廣告文案人極佳的參考用書。文字的甜度與創意都值得喝采！充滿視

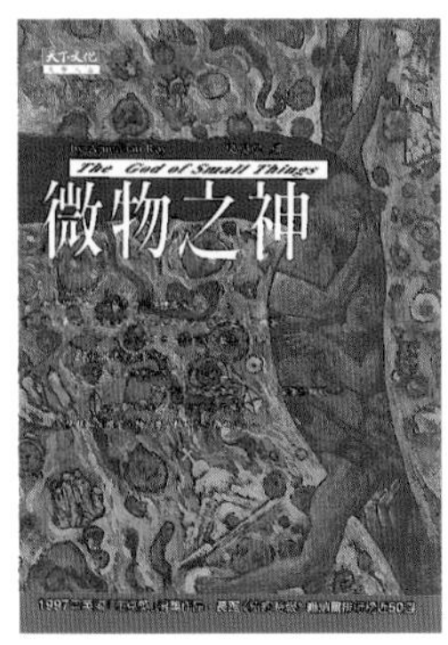

《微物之神》
作者：洛依
出版：天下文化

覺味覺與嗅覺的感官刺激！喜歡玩文字的人讀起來一定特別過癮！

[owl] 人有沒有可能因為一本書而改變一生……？

[cat] 一定有的只是當下沒發覺吧！像這本書其實也可以當作芭樂的羅曼史愛情故事來讀，因為人生經驗不同，個性不同，體會也不同。

[owl] 我想等我們老了之後……再重讀，或許我們就可以把它當成童話來讀了……目前我們也只有靠「老」來返老還童了……。

[cat] 只有老才能把一些事情看淡些，多驚世駭俗的事都可以變童話了，一來不想面對，二來無力面對，因為老了，哈哈哈。

[cat] 至少我老了一定無法忍受一直斷線的網路。

[owl] 至少從網路經驗上，體會出微物之神所蘊藏的失落之感。

[cat] 哈哈，總在談論微物之神時網路斷線……！我完全贊成，失落之神緊跟著微物之神。

[owl] 我認為「微物之神」是一種看待事情的態度……多一點包容，生命就多一點豐碩。

[cat] 還有無意的錯字，人生美在不完美。 ■

麗的痕跡，爲達康.com 淘金熱全球炒作之前的網路世界，作了最好的見證。

伊波里多的這幅「電子的天空」，美麗如昔。

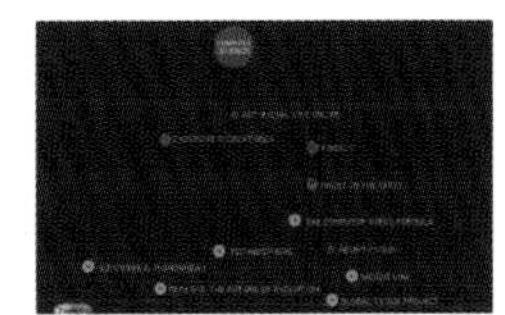

智慧生命 Intelligent Life

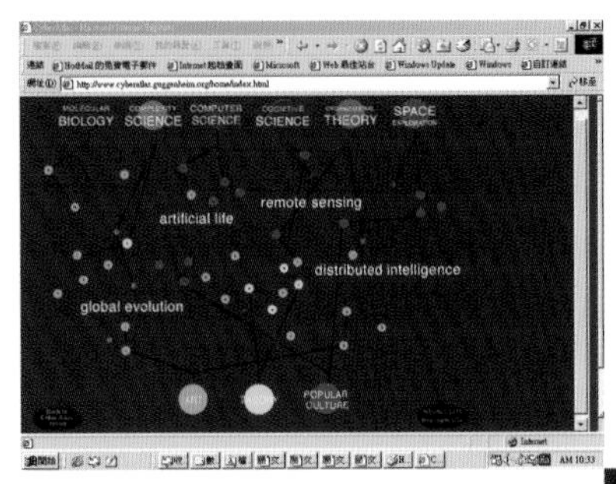

1997年春季，蘿拉．崔比（Laura Trippi）爲古根漢博物館設計了第二幅網路世界的地圖：「智慧生命。」網際網路的迅速發展，讓科技藝術家讚嘆這種新的文化滋長、擴散與轉變傳統觀點的神奇力量，甚至更進一步把網路當作有機的生命型態與分散式智慧。在人類歷史中除了聖經中的巴別塔、亞述的大圖書館或其他的世界奇觀，沒有其他的文明痕跡能夠與這樣的東西相比擬。這張地圖便是奠基於曾經見證過網路世界爆炸性成長的人們，爲著他們心中湧現的問題而描繪的地景。

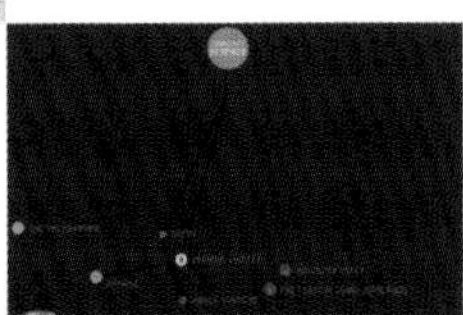

什麼是生命？什麼是智慧？Internet究竟是什麼？網路又是什麼？

「我們雖有全部的答案，」杜斯妥也夫斯基說道，「卻不知道問題是什麼。」

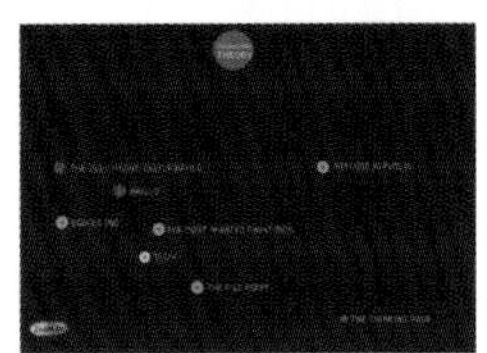

如果說網路世界的便利、四通八達無遠弗屆，帶來的是整個地球知識與資訊的跨界交流，這幅景象對人類的文明發展而言有什麼意義？在地狹隘的區域文化觀點，在全球化時代的強烈衝擊下，要如何面對這個新的時代？如何描繪我們自己內在心靈的意義地圖，對應外在世界的解體與重組？蘿拉．崔比的「智慧生命」是一幅透過數位科技爲核心，從內在世界互動對應到外太空生命的探索，美麗而動人的藝術創作。

智慧生命 Intelligent Life

她以類神經網絡（Neural Network）的神經元結構圖爲藍本，描繪著從自然科學與社會科學學科知識，到藝術、理論與大眾文化三個文化生產的範疇，輸入端與輸出端中間網站節點互相連接的人類智慧活動。類神經網絡模仿人類生理細胞神經元之間的連結關係，建立了一個學習與智慧發展的模型，主導電腦的認知活動。

今。

[owl] 很多文學作品或電影……都會對童年有所描述……其用意在為成長後所有被扭曲的經驗做解釋……童年於是成為成人世界的一種救贖。

[cat] 人的一生童年時間很短。我在大陸買童書，他們叫小人書，所以童年是小的，也是「微物」的一種，就像阿慕和維魯沙只能把握彼此肌膚之親的片刻，然後替一些蟲子、樹葉取名字，在那種大環境下，這是僅能把握的幸福。

[owl] 貓館長……妳覺得洛依的微物觀與村上春樹的心理標籤化……哪一個吸引人？

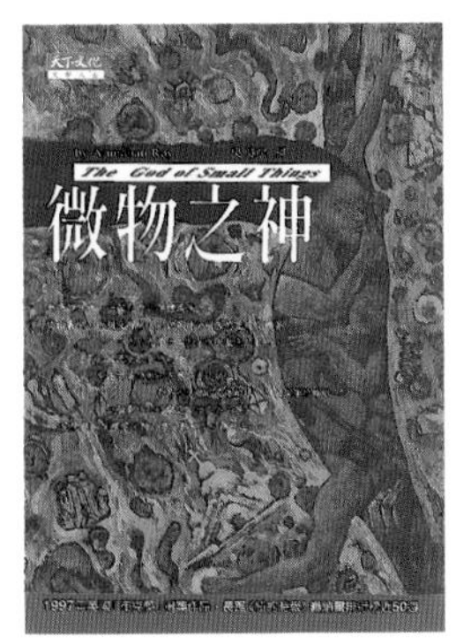

《微物之神》
作者：洛依
出版：天下文化

[cat] 不相上下吧，不過看兩人的作品是不同的心情，村上的作品看完有種淡淡的憂鬱，可是洛伊的作品我看完內心卻覺得安慰，我想洛伊是較包容較寬廣。

[owl] 洛伊的微物觀有一種心靈上的清澈與包容……村上的名牌物質則是一種心理上的喃喃自語……我二者都喜歡……而村上的小說比較容易讀也是原因之一。

[cat] 處理生命的議題本來就難，太大了，但洛伊可以把它放置在歷史的無奈、時空的流轉間，然後讓人覺得「啊～就是這樣」，然後一切都放下了。

[owl] 看完海明威的《流動的饗宴》會讓我有一股衝動想去巴黎……但是看完洛伊的《微物之神》卻把原先我想去印度的打算取消了。

[cat] 我倒還好耶，和你相反，我卻有點想去看看，或許是懷抱一種詼諧的角度去看一些我們不可思議的事。

[owl] 我認為《微物之神》可以是廣告文案人極佳的參考用書。文字的甜度與創意都值得喝采！充滿視覺味覺與嗅覺的感官刺激！喜歡玩文字的人讀起來一定特別過癮！

[owl] 人有沒有可能因為一本書而改變一生……？

[cat] 一定有的只是當下沒發覺吧！像這本書其實也可以當作芭樂的羅曼史愛情故事來讀，因為人生經驗不同，個性不同，體會也不同。

[owl] 我想等我們老了之後……再重讀，或許我們就可以把它當成童話來讀了……目前我們也只有靠「老」來返老還童了……。

[cat] 只有老才能把一些事情看淡些，多驚世駭俗的事都可以變童話了，一來不想面對，二來無力面對，因為老了，哈哈哈。

[cat] 至少我老了一定無法忍受一直斷線的網路。

[owl] 至少從網路經驗上，體會出微物之神所蘊藏的失落之感。

[cat] 哈哈，總在談論微物之神時網路斷線……！我完全贊成，失落之神緊跟著微物之神。

[owl] 我認為「微物之神」是一種看待事情的態度……多一點包容，生命就多一點豐碩。

[cat] 還有無意的錯字，人生美在不完美。 ■

仰望數位星空的地圖

在未來的世界裡，書即將消失；剩下的將是地圖。

——伊波里多（Jon Ippolito）

文——李士傑

1996年，古根漢博物館推出了第一個線上的地圖計劃：「網路地圖集」（CyberAtlas, http://cyberatlas.guggenheim.org/）。古根漢博物館的策展人約拿·伊波里多（Jon Ippolito）在這領域是非常有趣的先驅與拓荒者。

「當網路世界裡的旅程繼續進行，時間不斷地過去，這些舊地圖裡的網址與連結將會過時並且失效。然而，他們將被當作歷史紀錄、記載著這一瞬間前的過去而被保存在「網路地圖集」裡。這將是從某一個角度所凝結的，一個可能不再存在，網路世界的瞬間快照。」伊波里多這麼解釋他的構想。

在他的策劃下，古根漢博物館在網路上展出了四張網路地圖：「電子的天空」、「智慧生命」、「數位——科技大力丸」與「延伸」。 分別對應著不同的主題：網海航行、網路作爲一種集體的智慧型態、拉力與重力平衡下的動態（科技、藝術、歷史）交會區圖像，以及線上藝術社群生態學初探。

電子的天空 Electric Sky

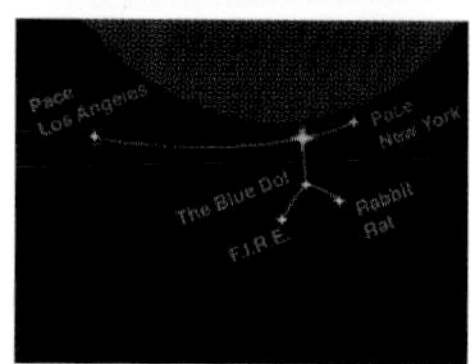

電子的天空 Electric Sky

「電子的天空」，是其中最早的一張，是伊波里多在1996年春天設計的。以古代水手航行時所凝望的星空航海圖爲譬喻，伊波里多描繪了一張新的網路世界地圖。從二十世紀九〇年代後現代主義理論盛行時，研究者便在尋找一種新的世界對應方式。從認知繪圖（cognitive mapping）這個概念所引發的靈感出發，伊波里多透過新興的技術，逐一標示著網際網路裡的藝術地標，以地圖來爲這種跨國、去中心化的全球性溝通網絡作詮釋。

電子的天空所呈現的是當時位於科技與藝術交界地帶的全球資訊網節

點。描繪的網站，涵括從世界知名的藝術家的新媒體藝術計劃、默默無名新藝術家的實驗 ，到線上鑑賞家的社群活動。星座代表著藝術家們合作的網絡，最主要的中心網站標示爲紅色的主星；實心的藍線代表著直接的合作關係，虛線則表示著間接的連結。

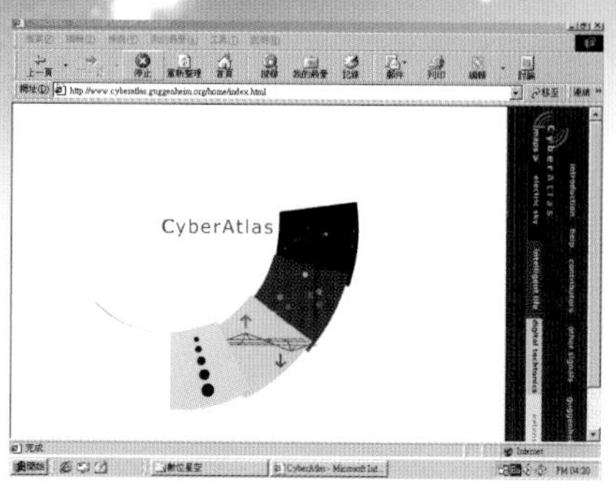

網路地圖集首頁

地圖中所呈現的合作網絡關係，可以拓印出1996年當時網路實驗，眾多先驅者的圖像。當大部分的博物館、藝廊與其他的藝術資訊集散重鎮都還深植於傳統土壤時，少數冒險的機構已經開始踏出網際網路世界裡的足跡。藝術家或機構通常是與大學或商業公司的伺服器合作，尋找作品虛擬集結的實體落腳處。很少機構在一開始就註冊了自己的網域名稱，大部分都群聚地寄居在一些角落；而透過他們的URL網址名稱，像是 http://www.razorfish.com/pace，很容易就能讓人看出實體的機構（Pace藝廊）與虛擬節點（Razorfish）之間的合作關係。

伊波里多在1996年的說明文字中，爲這幅圖的目的作了結語：「……提供現代的航海者一個全球資訊網時代的導航圖，導引著他們航行的方向。」

然而，隨著旅程的前進，時間的遞嬗，許多曾經是星空中清晰的地標，消逝了蹤影。今天逐一檢視地圖裡面的每個節點，偶爾還能從殘缺的遺址、痕跡中瞥見的是，網路可能性初綻時的實驗趣味，與創作者理直氣壯的熱切表達。這些原生的「藝術家」們互相援引彼此的創作與創意，形成了一個又一個的聚落。在今日的考古研究者的注視之下，這些曾經相濡以沫的個體生命，在他們交織的短暫時空留下了炫

電子的天空 Electric Sky

麗的痕跡，爲達康.com 淘金熱全球炒作之前的網路世界，作了最好的見證。

伊波里多的這幅「電子的天空」，美麗如昔。

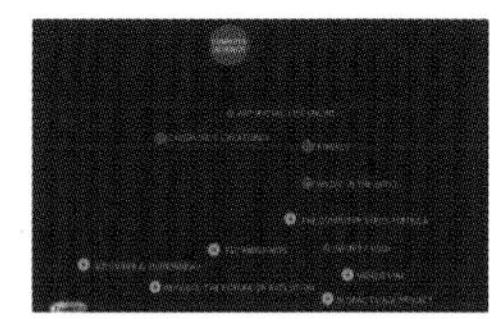

智慧生命 Intelligent Life

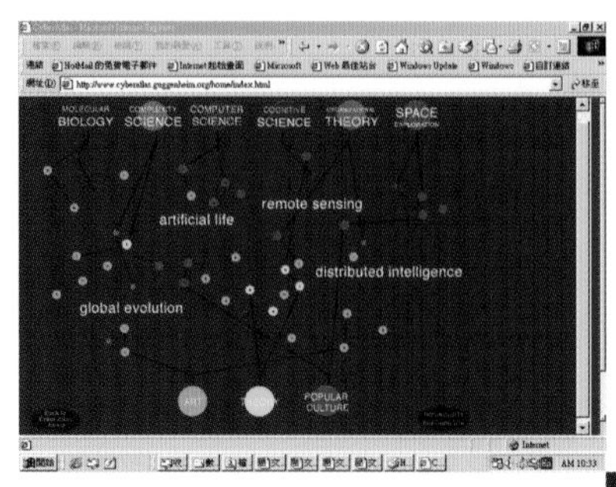

1997年春季，蘿拉．崔比（Laura Trippi）爲古根漢博物館設計了第二幅網路世界的地圖：「智慧生命。」網際網路的迅速發展，讓科技藝術家讚嘆這種新的文化滋長、擴散與轉變傳統觀點的神奇力量，甚至更進一步把網路當作有機的生命型態與分散式智慧。在人類歷史中除了聖經中的巴別塔、亞述的大圖書館或其他的世界奇觀，沒有其他的文明痕跡能夠與這樣的東西相比擬。這張地圖便是奠基於曾經見證過網路世界爆炸性成長的人們，爲著他們心中湧現的問題而描繪的地景。

什麼是生命？什麼是智慧？Internet究竟是什麼？網路又是什麼？

「我們雖有全部的答案，」杜斯妥也夫斯基說道，「卻不知道問題是什麼。」

如果說網路世界的便利、四通八達無遠弗屆，帶來的是整個地球知識與資訊的跨界交流，這幅景象對人類的文明發展而言有什麼意義？在地狹隘的區域文化觀點，在全球化時代的強烈衝擊下，要如何面對這個新的時代？如何描繪我們自己內在心靈的意義地圖，對應外在世界的解體與重組？蘿拉．崔比的「智慧生命」是一幅透過數位科技爲核心，從內在世界互動對應到外太空生命的探索，美麗而動人的藝術創作。

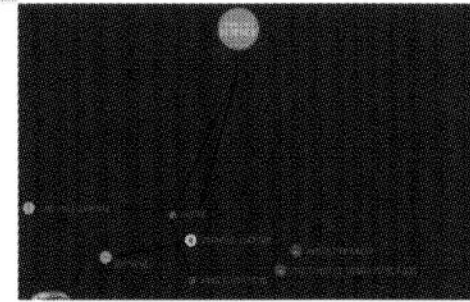

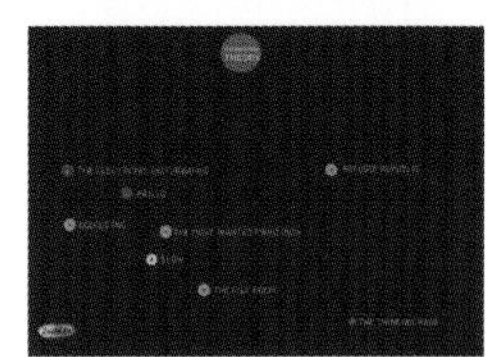

智慧生命 Intelligent Life

她以類神經網絡（Neural Network）的神經元結構圖爲藍本，描繪著從自然科學與社會科學學科知識，到藝術、理論與大眾文化三個文化生產的範疇，輸入端與輸出端中間網站節點互相連接的人類智慧活動。類神經網絡模仿人類生理細胞神經元之間的連結關係，建立了一個學習與智慧發展的模型，主導電腦的認知活動。

在「智慧生命」類神經網絡的示意圖裡，輸入端包括分子生物學、複雜科學、電腦科學、認知科學、組織理論與太空探索。這些學科生產了與生命相關的思考模型；輸出端包括有藝術、理論與大眾文化。它們作爲文化生產的範疇，過濾、 轉向與散佈來自科學的思考與研究成果。中間的節點執行著最辛苦的工作，並且也正是網站成形之處；它們形成四個主要的主題群組：全球演化、人工生命、外太空遙測技術、分散式智慧之研究。在節點之間連接的線段，標示著複雜的資訊傳遞路徑網絡。蘿拉・崔比將網站的誕生，比擬成在這輸入端與輸出端之間，文化交流孕育出的集體智慧痕跡。

網際網路本身就是一個蔓生滋長、生命系統的動態模型。這幅「智慧生命」就像是數位科技黎明前夕，網際網路生命世界的大頭貼；許多可能性、問題與思考模型之間對話的快照留念。

數位——科技大力丸 Digital Techtonics

「數位—科技大力丸」是一個關於網路媒體的動態——後設地圖；呈現的是科技、藝術與歷史三個主題。

曾經參與這一段網路歷史的網路文化工作者都會承認，這是一段激昂的大論戰時期。可能性已經變成可行性，藝術家們以實踐來證成他們各自對網路的期待與想像。To Push, or Not to Push? 對1997年前後關注網路發展的人們來說，是一個切身的哲學問題；我們開始發現自己對於媒體史、技術史資訊的不足，在微軟公司與網景之間的瀏覽器拔河當中，迷惘於不知道該選擇哪一邊加油。在這個同時，藝術理論、網路理論對於網路發展的影響深化了波希米亞藝術家們創造的空間，打開了創作與思想的瓶頸。網路不再只是昂貴的玩具，而是可以和歷史對話，影響所有線上的網路公民。

爲了呈現這種理論與實踐同步發展的面貌，杜雷克利與伊波里多描繪了一張動態的地圖。

「理論網站提供整個地景一種向上提昇的力量，吸引藝術家與評論者朝向更高的 抽象高度；歷史的重量，扮演了一個向下的重力，能夠把其跟隨者奠基於過去的 時空

數位——科技大力丸
Digital Techtonics

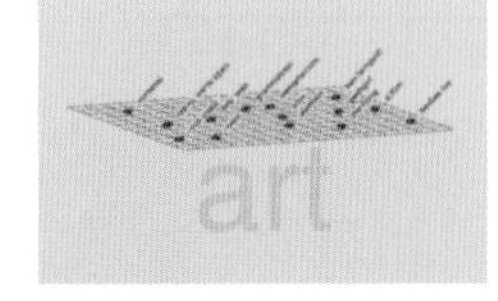

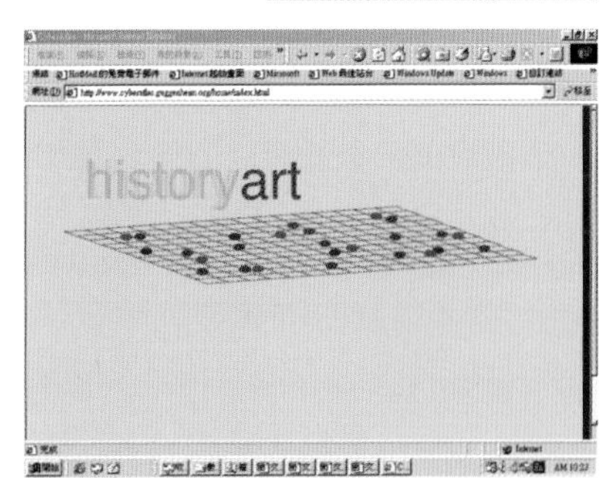

土地之上。一些網站形狀上看起來很窄，其他的很寬；一些垂直地造成深度 ，有些則是輕巧地觸及到無數的廣度課題。無論它們的領域與強調重點，由於電子論述當中快速的資訊交換的緣故，特別網站的影響可以迅速地凝聚或消散。如果由於持續推擠影響所生產的這個文化場域，我們稱之爲數位地景的話，形塑它的力量就宛如地質時代自然變遷改變中冰河的力量與步伐，加速成爲電子時代turbo動力。」

數位——科技大力丸
Digital Techtonics

延伸 Extension

這個網路藝術世界逐漸成熟、立體的面貌，在網路藝術的美籍先驅們：前ada'web的藝術家手中，呈現成爲另一種資料庫的文體。

在「延伸」這幅圖中網站節點之間的動態關係，呈現爲藝術家們分類之後，網站排列次序重新洗牌、重組與相互連結。他們從「(網路世界)快速演化，線上藝術社群所感興趣的幾個方向」挑選當代藝術網站，將這些網站分組成爲四種類型：「計劃」(project)、「中心」(hub)、「機構」(institute) 與「閱讀室」(reading room)。「計劃」指稱那些特別只在全球資訊網上呈現的藝術創作；「中心」，包含著不同藝術家所執行的許多計劃，以及差異度甚高、與藝術相關聯的其他內容集中的所在；「機構」指藝術機構的網站；「閱讀室」則展現著文字論述或藝術理論。

介面的設計是「延伸」這張地圖最爲特殊之處。讀者可以在安裝完Macromedia公司的Shockwave plug-in之後，進入這張地圖；在地圖當中散落著所有入選的網站名稱，當你選擇了其中一個，你的畫面就會展現成爲四個選項的瞄準框：In，Out，Type，Go。前面兩個選項，你可以動態地看見哪些網站與這個主角有所關聯；連到你所選擇的主角的網站們，以及你的主角連結指向的網站們。Type的選項則是畫面重組，把所有和你所挑選的網站同一分類的網站們，集中到畫面中央的框架裡。最後的選項Go直接連往你所選擇的網站，並且透過視框（frame）的技術讓你能夠留下對這個網站的評論；當然，你也可以從這個評論

有關伊波里多（Jon Ippolito）

1991迄今

藝術家。與 Janet Cohen、Keith Frank三人一起創作展出合作的作品，大多是很少、或沒有商業潛力的創作。（http://www.three.org）

古根漢博物館媒體藝術的助理策展人。策劃與負責當代藝術的展覽與討論、座談會，書寫、編輯、編纂目錄、論述與展場說明文字；歷史性展覽，以及印象派、後印象派作品的演講；編輯古根漢雜誌「新媒體瞭望」的專題。策劃「網路地圖集」：位於古根漢博物館網站（www.guggenheim.org）裡，一系列持續進展的網路世界互動地圖。

1989-91

耶魯大學繪畫與印刷系，美術碩士。在 New Haven Yeshiva 教授微積分與電腦。除了空手道棕帶之外，沒有其他正式的資格。與一個舞團一起在康乃狄克、波士頓與紐約市巡迴演出。

1986-89

賓州大學威爾學院的駐校藝術家，講授藝術技術、figure drawing，以及組織討論與在地博物館的導覽。跟隨 John Moore 與 David Hannah 於泰勒藝術學院、Robert Beauchamp與 James Lechay於Aegean Studio Art 學院學習繪畫。在費城時教授越戰退伍軍人與清寒家庭小孩寫作、電腦與數學。

1984-86

羅馬海外學校的講師，教授寫作與擊劍。在西歐與北歐、南斯拉夫與埃及深度旅遊。在攀登Stromboli火山水彩寫生的途中幾乎喪命。

1980-84

哈佛大學物理與天文物理學系學士學位。畢業時在兩系都獲得極優異的評價，得到哈佛大學與Smithsonian學院的研究獎助。跟隨 Dmitri Hadzi學習雕塑。在宿舍牆壁上繪畫壁畫。

興趣、展覽成果、論著不勝列舉，請到本刊網站Netandbooks.com找尋進一步資料。

處知道其他人對這個網站的看法。

這些技術在現在看來都不是頂尖的新技術。但是從第三張與第四張網路地圖開始，網路時代的演化更讓人驚訝於網路藝術概念的成熟與進展；看不見的關係如何在新技術的使用下被地圖呈現出來，協助使用者更爲直觀地掌握與了解，更深入網路故事的豐富內涵？這些地圖預視了後來網路世界發展的精采與炫麗，技術與內容的對話交織出一次又一次驚艷的軌跡，正如同「智慧生命」裡，崔比快照下的網站／智慧的孕生一般；在網路地圖集的補遺：「另種訊息」裡，網路世界的視覺呈現有更多的可能性。不過，這些也都是千禧年之後故事的後續發展了。 ■

用耳朵聽的小說

凱魯亞克書裡的好音樂

小說不只用眼睛讀，也可以用耳朵聽。

許多作者都會在小說中帶入影響他們至深的音樂，就像村上春樹念念不忘披頭四和爵士樂一樣。對凱魯亞克而言，這震撼他靈魂的音樂，是四〇年代末的咆勃樂風。

文——李瑩婷

傑克・凱魯亞克三十五歲那一年，出版了半自傳小說《旅途上》。這部被喻為「垮掉的一代」經典之作的小說，紀錄了主角索爾在美國東西岸間漫無目的地來回旅行，而伴隨著他的旅程的，正是一場又一場的爵士樂狂歡：舊金山、長島夜總會的爵士樂手競技，車廂裡、夜晚街頭上的音樂。凱魯亞克描寫的，正是「咆勃」爵士樂（Be-Bop）的全盛時期。

《旅途上》
作者：傑克・凱魯亞克
出版：臺灣商務印書館

咆勃翻譯自英文的Be-Bop，Bop原意指的是噪音。1945年，查理派克（Charlie Parker）和暈眩葛列斯比（Dizzy Gillespie）的合作，正式宣告了咆勃時代的到來。咆勃是一種快速、偶而會出現不和諧音的音樂，樂手獨奏的時間延長，音樂的段落用不平衡旋律來連結。咆勃強調即興創作，高難度的技巧給人一種快速而神經質的印象。

凱魯亞克在書中描述鋼琴師喬治・謝林的演奏現場：

謝林開始彈起和絃，它們像雨點一樣紛紛從琴鍵灑出，灑向四面八方。讓人覺得，彈它們的人根本管不住它們。它們像浪潮般，一波又一波排山倒海湧出，聽眾大喊：「繼續，繼續」……這是1949年時的謝林，登峰造極時的的謝林。

馬賽廳爵士音樂會
演奏：查理帕克、咆勃全明星五重奏
發行：風雲唱片

1953年，咆勃先驅查理・帕克、暈眩葛列斯比、麥克思・羅區、巴德・鮑威、查爾斯・明格斯等人於多倫多馬賽廳演奏實況。聆聽這張CD可以感染咆勃的經典魅力。

請記得這是四〇年代末，搖滾樂尚未開始，貓王和披頭四還沒出現，對凱魯亞克筆下那些在旅途上狂飆的美國年輕人而言，黑人樂手們藉由咆勃音樂宣洩不平的高亢情緒讓他們著迷。當《旅途上》裡的索爾與狄恩，經歷一場又一場令人目眩神迷的咆勃演奏，索爾有感而發：「這裡是大陸的盡頭，也是一切疑慮的盡頭。」 ■

Part IV
Tradition
脈絡

你常說Cyber，所以不能不認識Wiener

～Cyber一詞的由來

短短的幾年間，網路由發熱到退燒，卻造成了我們閱讀方式的改變。
或許，在這樣一個比較冷卻的時機，我們可以回頭沉思網路的本質。到底最初是怎樣的概念，推動著網路的發展？是哪些人，讓這樣新興的閱讀方式成爲可能？我們將回顧從Internet出現之先，網路概念連貫性的發展過程，與網路普及化過程中，一些本著對理想的執著，排除商業利益考量，使網路迅速平民化的推手。我們所介紹的人物，有些赫赫有名，有些則較不爲人所熟知，但他們都分別在網路科技的不同領域裡先後扮演舉足輕重的角色。
網路，眞的不只是Bill Gates。也不只是Yahoo，AOL。

文——李康莉

你知道我們所熟知的電腦／網路空間（Cyberspace）一詞的字根cyber是怎麼來的嗎？

它來自控制學的始祖威納（Nobert Wiener）。所寫的一本書Cybernetics：Control and Communication in the Animal and Machine，中文可以譯作《控制學：生物與機器的控制與溝通》。這本書出版的時間，是1948年，比1968網路正式誕生還要早20年。

威納借用「Cyber」的概念，源自希臘文kyber，意指「舵手」，創造了「控制學」（cybernetics）一詞。其原意指人與機器之間訊息的相互反饋需要一再調整，好像舵手靠岸時要一再調整方向。

現代電腦的誕生

某方面來說，控制學和現代電腦均是二次大戰的產物。當時，威納爲美國軍方設計制空火力網，才發展出一套立基於「關聯性」的理論。其主要論點在於，如果要精準地預測敵方戰機的航道，不能只考慮其規則的行跡，而必須紀錄所有無法預測的可能性，將所有「隨機」的資訊載入並精確地計算。誇張地說，從敵人喜歡看的書，到昨天喝什麼牌子的酒，這些看似不相干的資訊可以藉由精確地計算，用來預測敵人下一步的攻擊。

而電腦，就扮演著類似福爾摩斯的角色，將人與機器之間的訊息相互反饋一再調整，得出最終的結論。不重分析性，卻重關聯性——一個系統內看似無關的資訊的互相關聯，就是控制學的最大特色。

雖然控制學的出身似乎並不「高尚」，是二次大戰時爲了破解密碼、計算彈道的發明，這位信仰齊克果存在主義的科學家卻進一步將控制學的概念延伸爲一個跨學科的哲學體系，超越了原本的軍事用途。控制學演變爲一種全新看待生命的方式。

控制「哲學」

過去，科學家都把宇宙想像成一個依規律進行的大型鐘擺，威納則認爲宇宙既沒有秩序、也沒有規律，唯一的秩序來自同一個系統內各部分的互動與連結，來自資料、密碼等資訊的交換，小至原子大至銀河星雲都是如此。訊息創造了宇宙的秩序，而人腦就是處理訊息的核心。

威納認爲，電腦是最接近人腦的裝置，是一種有學習能力的機器，可以針對環境回饋（feedback）的訊息變化，一再自我調節以適應環境。這個概念後來啓發了利克萊德（J.C.R. Licklider）一連串互動式電腦的構想，並間接催生了Internet的前身——ARPANET。

控制學其它的概念，諸如資訊控制（information control），輸入（input），輸出（output），正回饋（positive feedback），負回饋（negative feedback）的概念，分別影響了電機工程、物理學、生物學的發展。

其實，控制學本身就是一門結合數學、物理、資訊、生物、哲學、社會科學的跨學科領域，整個概念在一場跨學科會議上提出，屬於複雜科學的一環（sciences of complexities）。控制學影響了我們所熟知的人工智慧（AI）、神經網路（neural network）、動力學（dynamical systems）、混沌理論（chaos）的發展。

所以，談到網路閱讀，我們不能不認識威納這個人。

（順便一提，至於Cyberspace這個完整的字，則是吉布生（William Gibson）在1984年寫的小說Neuromancer中第一次使用的。） ■

延伸閱讀
有關Wiener的網站：
http://pespmc1.vub.ac.be/CYBSWHAT.html
http://memex.org/meme2-09.html

從利克萊德的一篇論文開始

網際網路始祖 ARPANET的故事

1962年，MIT教授利克萊德（J.C.R. Licklider），發表一篇論文，提出「星雲網路」（Galactic Network）的概念。利克萊德的構想，顯然受到威納討論人腦／機器互動，以及一個系統內組織結構關係的控制學所影響。在他的筆記，也是最早記載有關網際網路構想的書面文件中，利克萊德提出將全球電腦連結，以便可以從任一節點獲取資料的觀念。現代的網路精神，可以說是從這篇文章開始萌芽的。

後來，在同一年，利克萊德成爲ARPA（美國高等研究計劃署，Advanced Research Project Agency）的領導人。爲了實現這個把全世界電腦聯結起來的構想，利克萊德不但在自己的任期內身體力行，也不斷向後繼者，如勞倫斯．羅伯特（Lawrence G. Roberts）等人鼓吹網路概念的重要性。

如此，等到勞倫斯．羅伯特成爲ARPA的主持人之後，終於在1968年誕生了ARPANET（阿帕網路）。如同現代電腦起源於二次大戰，網路其實是冷戰時代的產物。至於美國軍方爲何會如此支持這個計劃，完全是出於戰略的考量——將電腦系統與北約串聯成一個網路。這樣即使任何一個節點遭到蘇聯炸彈的攻擊，連成一氣的資訊系統也不會因此癱瘓，還是可以繞道傳送訊息。在網路上，資訊得以以違反數學原則的方式傳送。不管路徑多麼繁複，經過多少國家，能達到目的地就是最好的路徑。

封包理論的出現

網路發展的實際關鍵，在封包理論（packet switching theory）的出現。MIT的教授李奧納多．克萊瑞克（Leonard Kleinrock）曾在1961年發表封包交換理論，並在1964出版最早的一本有關封包交換的書籍，使人類朝向網路之夢邁進一大步。

用封包取代電路的方式傳遞資訊使網路可

以免於媒介的限制，不論是電纜、電話線，都可以負載資訊。封包能將資訊拆解成大小型式一致的單位，如同將各種不同的貨物直接裝進規格化的貨櫃，航行在資訊的海面上。如果不採用封包傳送，只要傳遞的資訊不同，就要搭配專供某一類資訊行駛的專用媒介，十分不便。我們可以說，因爲有了封包理論的出現，才促成網路的誕生。

克萊瑞克於1964年說服了ARPA的領導人勞倫斯·羅伯特封包理論的可行性。1966年羅伯特提出「ARPANET」計劃，此計畫在1967年發表。在這場關鍵性的會議中，同時有來自MIT、RAND、NPL的團隊提出類似的概念。足見一整個世代的科學家在Internet的發展過程中，都被同樣的問題所盤繞，並在不知道彼此研究的情況下，往相同的方向尋求突破。最後，計劃在1968年由ARPA順利執行成功，由於克萊瑞克是最早提出封包構想的人，他在UCLA的研究中心遂成爲ARPANET的第一個基地。

殺手軟體E-mail的出現

1972年十月，ARPANET正式在ICCC（International Computer Communication Conference）對外公開。同年，ARPANET最熱門的E-mail軟體出現，很快地成爲網路的核心價值。當時的E-mail就已具備今天的雛形，有傳送、接收、轉寄各項功能。值得注意的是原本發展E-mail的動機在於將各地的辦公室串聯起來工作，後來卻演變爲興盛至今的人際溝通介面（people-to-people traffic），開啓了人與人之間無窮的可能性。■

延伸閱讀
有關ARPANET的網站：
http://www.isoc.org/internet/history/brief.html

滑鼠之誕生 Doug Engelbart

網際飛行的夢想家道格・英格巴

今天網路的最大的特色就在於圖像式的語言。不管是電腦繪圖，還是點選任何超連結，只要移動滑鼠就可以輕易達成。滑鼠可以說是我們所能想像最直觀的操作工具。沒有滑鼠，網路不可能以這麼自然、這麼友善、這麼貼近心靈思維的方式運作，也不可能普及一般大眾的生活。

一切要從雷達開始

滑鼠的發明人，也是圖像式介面（graphical user interface）的始祖——道格・英格巴（Doug Engelbart）在1942年進入奧勒岡州立大學主修電機工程，並在二次大戰爆發時，參與海軍的雷達工程。戰爭結束後，英格巴回學校完成學業，之後並進入NASA的前身NACA實驗室擔任電機工程師。

三年過去了，英格巴總覺得有更重要的理想值得他的付出。那時電腦剛起步，工程師出身的英格巴一直思索是否可以解決這個新資訊科技發展所面臨的一些問題。不同於無數朝此理想邁進的工程師，英格巴早期擔任雷達工程師的經驗引領他往圖像式介面的方向思考。回憶起當年雷達如何在螢幕上顯示，英格巴想像著資訊也可以輕易地在螢幕上呈現。他開始夢想人們坐在螢幕前，以驚人的速度在資訊空間裡無際飛翔。他夢想著將電腦串聯成網路，使使用者能輕易分享資訊。他提出這些想法的時間是1950年，而1948年美國軍方才剛開發出第一台全方位程式運作，全電子化的電腦ENIAC。

滑鼠的誕生

由於當時的學院並沒有電腦系，英格巴決定進入柏克萊加州分校（U.C. Berkeley）並於畢業後進入史丹福大學研究中心（SRI）。英格巴的研究在1963年有了初步的成果。英格巴與同事威廉・英格利（William English）展示了一種合作式的工作空間，名爲線上系統（NLS——oN Line System）。他的想法是要讓同一群人使用超文字，使它成爲團隊的工具。

在這項展示中，英格巴成功地藉由一系列輸入設備—搖桿、光筆、拖曳球存取同一份

文件中的超連結、圖像、錄影、聲音。為了要讓游標從電腦螢幕的一端移至另一端，以輕易的選取超文字連結，他發明了一根具有感應器的木塊，底下還附了一個球，就是我們現在使用的「滑鼠」。英格巴右手拿著滑鼠，左手拿著五個鍵的鋼琴鍵盤，面對來賓輕鬆地示範超連結。在英格巴之前的科學家必須使用打孔卡或手動的電力切換才能操作電腦，而且在沒有終端機的情況下，資料要先印出來，才能閱讀。還好因為英格巴特發明了這一系列的輸入介面，才解決了電腦操作不便的問題，日後電腦才得以普及。

ARPANET誕生的影響

同時，有另一群科學家在ARPA（美國高等研究計劃署）默默地為網路催生。1967年，ARPA宣佈為推動資源分享，所有接受ARPA輔助的研究機構，包括英格巴自己的研究中心Augmentatoin Research Center都必須串聯起來。對英格巴而言，這是天大的好消息。ARPANET正是大規模推廣NLS工作空間的絕佳工具。因為英格巴的積極參與，他的實驗室終於成為ARPANET的第二個基地。這個錄影帶，今天還可以在下面的網址看到：The Mouse Site（史丹福大學的「滑鼠網」）http://sloan.stanford.edu/MouseSite/

1968年，英格巴利用網路的互動性，在舊金山的一場電腦會議上公開展示了進行多年的多媒體研究成果。在這場著名的會議中，英格巴在一台電腦上說明NLS的概念，他的同事威廉則從SRI連線，在另一個視窗中同步影音播放作補充。這也是滑鼠以及同步影音設備第一次對外展示。

時至今日，英格巴所揭示的圖像式操作介面原則仍影響著我們的生活。不同的是滑鼠的造型更新更炫了，搖桿更具科技感了，當我們騎著滑鼠遨遊網際的同時，一定想像不到它曾經也是一塊不起眼又笨重的小木塊吧！ ■

延伸閱讀
The Mouse Site
http://sloan.stanford.edu/MouseSite/

WWW的誕生
——提姆・柏納李（Tim Berners-Lee）的一千零一網

全球資訊網（World Wide Web）的創始人提姆・柏納李（Tim Berners-Lee）生長在一個父母均爲電腦工程師的家庭。就讀高中時，伯納李看了一些有關大腦運作的書籍，從此，讓電腦擁有跟人腦一樣的直覺的理想就深植他心中。

其實，伯納李並不是第一個提出這種想法的人，早在1968年，網際網路誕生之前，史丹福大學的研究人員道格・英格巴（Doug Engelbart）就利用滑鼠建立了「超文字」（hypertext）的模式。在超文字和網路行之有年後，伯納李則恰好趕上時機，將超文字和網際網路兩項重大發明結合起來。

「搜尋」程式——WWW的前身

1980年，提姆自牛津大學畢業後，進入CERN（歐洲粒子物理實驗室）擔任短期的軟體顧問工作。深感於各種研究檔案資料分散無緒，他寫出了第一套「搜尋」（Enquire）程式解決這個問題，這也就是全球資訊網的前身。然而，當時「搜尋」並非在網路上執行，因爲網路雖然已在全美各地將大學和實驗室連在一起，卻沒有進入歐洲。「搜尋」所建立的超連結，可以從同一個檔案內從某一頁，跳至另一頁、或是跳躍不同的檔案。但是伯納李並不滿意，他希望能使超連結跳躍不同的電腦。要達到這個目的，非要網際網路的協助不可。

1989年，伯納李使用蘋果電腦創始人史提夫・約伯（Steve Jobs）新開發的NeXT電腦接上網路。1990年，計畫得到辦公室運算系統主管羅伯特・凱利奧（Robert Cailliau）支持，開始推動。

在沒有所謂網路瀏覽器的輔助說明下，軟體公司都無法想像網路的未來，以及所帶來的無窮的抽象資訊空間。電子郵件（electric mail）的問世，雖然可以使某人的資訊得以傳送到另一個人，卻不能形成一個空間，資訊無法永遠存在，所有的訊息都是瞬間的、轉瞬即逝。在缺乏軟體公司提供現有產品協助開發的情況下，伯納李決定自己動手。

WWW的誕生

1990年11月，伯納李寫出第一套HTTP（超文字傳輸協定，Hypertext Transfer Protocol）程式碼，也就是網際網路上用來傳輸網頁的語

言；URI位址結構（通用資源識別碼，Universal resource identifier，後更名爲URL）；同時創造了一個具有瀏覽器／編輯器功能的軟體，就是「全球資訊網」。

伯納李並創造出呈現超文字的簡單方式——HTML（超文字標註語言），成爲日後網路內容最受歡迎的語言。人們很快就熟悉這些標籤，並開始寫他們自己的HTML檔案。

世紀瀏覽器爭霸戰

1992年，伯納李請求CERN把全球資訊網程式碼的智慧財產權，採用「一般公共財」的方式公佈，讓他人得以使用。此後任何人使用全球資訊網之協定與程式碼所研發的伺服器或瀏覽器，均無須支付權利金。

然而各軟體公司眼見全球資訊網所帶來的商業利益，不免開始利用其原始碼的開放性，將WWW據爲己有，以爭食這塊科技大餅。網景公司Netscape的前身，由NACA團隊推出的馬賽克通訊（Mosaic）所推出的瀏覽器，就曾試圖把自己標榜爲全球資訊網的發展中心，並有意無意把Mosaic稱之爲全球資訊網的代名詞。

至於今天大家普遍使用的微軟的IE瀏覽器呢？微軟當時則尚未開發自己的全球資訊網程式碼，而是向一家由NACA衍生的小公司，以兩百萬美元的價格取得版權，然後在1994推出視窗95，附上瀏覽器IE正式進軍網路，在其後與網景Netscape的瀏覽器爭奪戰中，以結合作業系統的免費行銷方式成功拿下市場佔有率。

真正的「全球」資訊網

當許多技術人員和企業家想藉由併購靠全球資訊網大撈一票時，WWW發明人伯納李關心的卻是如何眞正讓全球資訊網成爲公有共享。提姆拒絕各種商業利益的引誘，從日內瓦來到MIT，成立了W3C（全球資訊網協會），以保持全球資訊網的完整與獨立。至今，其將全球資訊網推廣給大眾的理念仍堅定不移。■

延伸閱讀

《一千零一網》／提姆．柏納李／台灣商務印書館／1999。

一個柏納李的網址：

http://www.w3.org/People/Berners-Lee

親愛的，我把電腦變中文了！

──朱邦復與中文電腦的誕生

在電腦不普及，甚至中文電腦尚未問世的七〇年代，誰會從剪貼中文字典開始拚湊中文資訊化的遠景？

從嬉皮到電腦怪傑

1973年，是很特別一年。

前一年，美國總統尼克森才正式訪問中國大陸，造成全世界的震動。這一年，中東贖罪日戰爭開打，全世界都要為第一次石油危機而顫動。同年，科學家發現DNA可以剪接、組合、重製。

在這多事的一年，一個三十六歲的農學院畢業生，因為去巴西墾荒經商失敗，而束裝回國。那就是朱邦復。

朱邦復回來得相當落魄，但是他的決心卻十分清楚。他在巴西有過一段在出版公司工作的經驗，深感資訊的普及對民族與文化存續的重要，因此決心回國為中文資訊化盡一份心力。

中文資訊化的第一步，朱邦復認為必須解決輸入的問題。他只有一個目標，就是以英文打字機的鍵盤來進行中文輸入，卻沒有方法。他決定用最笨的方法，剪了幾十本字典，在茫無頭緒中尋找中文字的規則和方向，把編好的文字卡片一遍遍排列組合，整理一次就一個月。這樣剪字典，剪了六年，在沒有任何人支持的情況下，以申請專利與四處打零工、充當「黑手」的方式，自行研發了國內第一套中文輸入法。在艱苦的過程中，因為工作的枯燥與乏味，助手先後棄他而去。大家對他的心血不是覺得痴人說夢，就是嗤之以鼻，只有一位沈紅蓮始終不渝地支持與陪伴他。直到1979年，終於由同鄉引介，得到一個向當時三軍大學校長蔣緯國上將簡報的機會，他的輸入法也正式取名為「倉頡輸入法」。

中文電腦的誕生

不懂電腦的朱邦復，靠著在三軍大學短短的半年間，以過人的才智與毅力所吸收一切有關電腦的知識，提出了新式中文字型產生器的構想。之後，朱邦復和宏碁合作推出天龍中文電腦，標示出「中國人的光榮」，從此，電腦可以處理中文；之後，他將倉頡中文輸入法和中文字型產生器「漢卡」的專利放棄，開放各界自由使用，中文電腦因而有

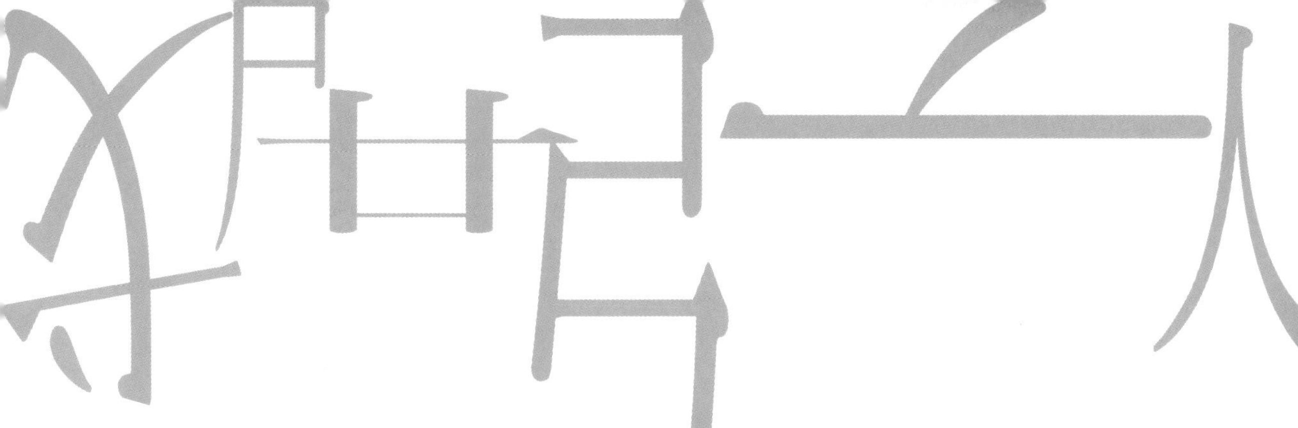

了全面普及的開始。

然而，儘管如此，朱邦復個人對中文資訊化的理想，推展得卻沒有更順利。由於他不是科技科班出身，在尋求外界支持時，一直不免碰壁；他個人極端的理想主義色彩，又無法讓他從商業化之中自行開拓財源。

因而他在1984年離開台灣，開始一段漫長的漂泊的日子，到美國、到大陸，再回到台灣隱居，前後七年。這段期間，中文電腦已經和每個人的生活結合。中文資訊化，在海峽兩岸都由一個遙遠的不可能，轉爲一切科技發展的根基。但是在這所有繁榮而蓬勃的發展中，遍插茱萸少一人，朱邦復一直在花蓮的海濱，在楊梅的山下，繼續打零工，研發一些別人心目中的痴人說夢。

夢，終於有了一個完全不同的形貌。1999年，香港一家上市公司邀請他出山，到香港負責所有的資訊研發。之後，他就成爲所有傳媒的焦點，從他到大陸推展九億農民網，積極推出電子書，到個人財富突然高漲到二十億台幣等等，動見觀瞻。他由中文資訊市場與事業的邊緣人，轉變爲發動者。

未來，不論他轉變角色之後的發展究竟如何，所有今天在電腦上、網路上使用中文處理資訊，閱讀資訊的人，都應該知道，遠在1970年代的時候，曾經有一個人用長達六年的時間剪貼中文字典，在剪貼中拚湊出第一部中文電腦的理想。

朱邦復的故事，是個傳奇。他的傳奇，不只是在他對中文電腦發展的貢獻，還有他波折的一生。朱邦復早年在巴西墾荒，參與反物質文明的嬉皮運動的故事；朱邦復對易經與道家思想的精微論著；當所有人急於透過自由經濟市場的運作，爭食科技資訊的大餅，朱邦復卻違反潮流，強調共有、共享，都讓人難忘。

朱邦復實現並普及電腦中文化五年後，大陸在1985年研發出第一台能夠處理中文的電腦，即是長城0520微機，使用區位碼輸入。■

延伸閱讀

《巴西狂歡節》／時報出版公司／1995──朱邦復巴西反物質文明的嬉皮經驗

《智慧學九論》／台灣商務印書館／1999

閱讀是一種飲食，我們對待均衡飲食的兩種方法

第一， 從每本書的主題，來提供均衡飲食

閱讀，如同飲食，可以分成四種。

1 是爲了知識的需求。很像可以吃飽的主食。
（企管、理財、心理、學習電腦與語言等等）

2 是爲了思想的需求。很像有點昂貴的美食。
（文學、哲學、歷史、藝術等等）

3 是爲了參考閱讀的工具需求。很像可以幫助消化的蔬菜水果。
（字典、百科全書等等）

4 是爲了消遣需求。很像追求口感的甜食。
（休閒、漫畫、推理等等）

網路與書Net and Books，從每次的選題上提供讀者均衡的選擇。

第二，從每本書的內容組合，來提供均衡飲食

我們不只從書的主題來提供不同的飲食種類，我們也從每一本書裡的內容，來提供均衡的內容組合。

在我們每一本書裡，都會有以下的重要內容成分：

1 有關這個主題的歷史，以及中外大事Map（像是美食）

2 有關這個主題應該掌握的知識（像是主食）

3 有關這個主題應該閱讀的50本書，與相關網站（像是蔬果）

4 有關這個主題好玩的人物，或地點，或掌故（像是甜食）

我們希望在每一本書裡，讀者都能享受到飲食的均衡。

閱讀的飲食，要從種類上均衡，也要從內容上均衡。

蘇東坡：李氏山房藏書記

蘇東坡。蒙田。梁啓超。梭羅。以及達賴喇嘛。歷史上曾有無數的人在閱讀中獲得啓發與智慧，這不過是其中的五個名字。仔細看看古今哲人的讀書觀，你會發現閱讀的樂趣並不因時空移轉而變質。他們的閱讀觀點，在二十一世紀讀起來，仍然像是正對著我們說話一樣！

譯——何儀慧

象、犀、珠、玉恠珍之物，有悅於人之耳目，而不適於用。金、石、草、木、絲、麻、五穀、六材，有適於用，而用之則弊，取之則竭。悅於人之耳目，而適於用；用之而不弊，取之而不竭；賢不肖之所得，各因其才；仁、智之所見，各隨其分；才分不同，而求無不獲者，惟書乎！

自孔子聖人，其學必始於觀書。當是時，惟周之柱下史聃為多書。韓宣子適魯，然後見《易象》與《魯春秋》。季札聘於上國，然後得聞《詩》之風、雅、頌。而楚獨有左史倚相，能讀《三墳》、《五典》、《八索》、《九丘》。士之生於是時，得見《六經》者蓋無幾，其學可謂難矣！而皆習於禮樂，深於道德，非後世君子所及。自秦漢以來，作者益眾，紙與字畫日趨於簡便，而書益多，世莫不有，然學者益以苟簡，何哉？余猶及見老儒先生，自言其少時，欲求《史記》、《漢書》而不可得；幸而得之，皆手自書，日夜誦讀，惟恐不及。近歲市人轉相摹刻，諸子百家之書，日傳萬紙，學者之於書，多且易致如此，其文詞學術，當倍蓰於昔人，而後生科舉之士，皆束手不觀，遊談無根，此又何也？

余友李公擇，少時讀書於廬山五老峰下白石庵之僧舍，公擇既去，而山中之人思之，指其所居為「李氏山房」。藏書凡九千餘卷。公擇既已涉其流、探其源，採剝其華實，而咀嚼其膏味，以為己有，發於文詞，見於行事，以聞名於當世矣。而書固自如也，未嘗少損。將以遺來者，供其無窮之求，而各足其才分之所當得。是以不藏於家，而藏於其故所居之僧舍。此仁者之心也！

余既衰且病，無所用於世，惟得數年之間，盡讀其所未見之書，而廬山固所願遊而不得者，蓋將老焉。盡發公擇之藏，拾其餘棄以自補，庶有益乎。而公擇求余文以為記，乃為一言，使來者知昔之君子見書之難，而今之學者，有書而不讀，為可惜也。

白話文翻譯：

象牙、犀角、珠寶、玉石一類的珍異物品，使人見了喜歡、聽了悅耳，但並沒有實用的價值。金石、草木、絲麻等物品，雖然有實用的價值，卻會損壞、耗竭。什麼樣的東西是既實用，又不會毀壞，無窮無盡，沒有用完的一天？什麼樣的東西，會讓賢或不賢的人各因才能的不同、仁者或智者各因觀點的不同，而有不同的收穫？雖然每人才能不同，但只要閱讀就能有所獲得，這樣的東西，只有書而已。

自從孔子的時代起，學習就必從讀書開始。當時只有像老子那樣掌管圖書的職官，才有機會接觸到很多書籍；韓宣子到魯國，才得有機會讀到《易象》和《魯春秋》；季札也因受聘於上國，才能讀到《詩經》的風、雅、頌；而楚國只有左史倚相地位的人，能讀到《三墳》、《五典》、《八索》和《九丘》等書。當時的一般讀書人，能讀到《六經》的更是寥寥無幾了。然而在這種書籍甚少，得之不易的學習條件下，古人對禮樂，道德的深刻修養，卻是後世君子所不及的。

自秦漢以來，寫作者越來越多，紙和字畫使用簡便，書籍量增多，逐漸普及，但學者的學習態度卻越來越不認眞，是什麼原因造成這種現象呢？我聽有學問的老先生說過，他們年少時，想讀《史記》、《漢書》而不可得，如果有幸得到這些書，必定親自抄寫，日夜誦讀，惟恐有任何的遺漏。近年來摹刻印書相當普遍，諸子百家的著作大爲流傳，學者很容易得到豐富的圖書，按理說他們的文辭學術修養，應該比從前的人高出好幾倍才對。但後生科舉之士卻有書不讀，只會沒有根據地空談，這又是什麼道理呢？

我的朋友李公擇，年少時曾在廬山五老峰下白石庵的僧舍裡讀書。公擇離開後，山裡的人懷念他，將他曾住過的房舍命名爲「李氏山房」，內有藏書九千多卷。公擇涉獵書中，探討學問的源流，摘取書中的精華果實，咀嚼其中的滋味，將書本裡的知識化爲己有，發揮在文章中、落實在行動上，已經是當世聞名的了。雖然書中的精華已被公擇吸收，但書本本身仍然完好無缺，沒有損壞。未來仍可繼續被閱讀，供應無數讀書人的需求，讓才能不同的人各自有所收穫。因此公擇不把書藏在家中，仍放在從前居住的廬山僧舍裡，這完全是仁者的風範。

我已年老體衰，對世人沒有什麼貢獻了，只希望能有幾年時間，讀遍我還沒有讀過的書。我一直想去廬山，卻沒有去成，如今我已經老了，也想好好地遊覽一番。如能閱盡公擇的藏書，用他留下的書籍補足我沒有讀過的書，應該是一件有益的事。我應公擇的邀約撰文爲記，讓後人了解過去的讀書人讀書的困難，也勸戒今日的學者，有書不讀，眞是太可惜了！ ■

梁啓超：學問之趣味

學問的趣味，是怎麼一回事呢？這句話我不能回答。凡趣味總要自己領略；自己未曾領略得到時，旁人沒有法子告訴你。佛典說的：「如人飲水，冷暖自知。」你問我這水怎樣的冷，我便把所有形容詞說盡，也形容不出給你聽，除非你親自喝一口。我這題目——學問之趣味，並不是要說學問是如何如何的有趣味，只是要說如何如何便會嘗得著學問的趣味。

諸君要嘗學問的趣味嗎？據我所經歷過的，有下列幾條路應走：

第一， 無所為——趣味主義最重要的條件是「無所為而為」。凡有所為而為的事，都是以別一件事為目的，而以這一件事為手段。為達目的起見，勉強用手段；目的達到時，手段便拋卻。例如學生為畢業證書而做學問，著作家為版權而做學問，這種做法，便是以這學問為手段，便是有所為。有所為雖然有時也可以為引起趣味的一種方便，但到趣味真發生時，必定要和「所為者」脫離關係。你問我：「為什麼做學問？」我便答道：「不為什麼。」再問，我便答：「為學問而學問；」或者答道：「為我的趣味。」諸君切勿以為我這些話是掉弄玄虛：人類合理的生活本來如此。小孩子為什麼遊戲？為遊戲而遊戲；人為什麼生活？為生活而生活。為遊戲而遊戲，遊戲便有趣；為體操分數而遊戲，遊戲便無趣。

第二， 不息——「鴉片煙怎樣會上癮？」「天天吃。」「上癮」這兩個字，和「天天」這兩個字是離不開的。凡人類的本能，只要哪部分擱久了不用，他便會麻木，會生銹。十年不跑路，兩條腿一定會廢了；每天跑一點鐘，跑上幾個月，一天不跑時，腿便發癢。人類為理性的動物，「學問慾」原是固有本能之一種；只怕你出了學校便和學問告辭，把所有經管學問的器官一齊打落冷宮，把學問的胃口弄壞了，便山珍海味擺在面前也不願意動筷子。諸君啊！諸君倘若現在從事教育事業或將來想從事教育事業，自然沒有問題，很多機會來培養你的學問胃口。若是做別的職業呢，我勸你每日除本業正當勞作之外，最少總要騰出一點鐘，研究你所嗜好的學問。一點鐘哪裡不消耗了，千萬不錯過，鬧成「學問胃弱」的症候，白白自己剝奪了一種人類應享之特權啊！

第三，深入的研究——趣味總是慢慢的來，越引越多；像倒吃甘蔗，越往下纔越得好處。假如你雖然每天定有一點鐘做學問，但不過拏來消遣消遣，不帶有研究精神，趣味便引不起來。或者今天研究這樣，明天研究那樣，趣味還是引不起來。趣味總是藏在深處，你想得著，便要入去。這個門穿一穿，那個窗戶張一張，再不會看見「宗廟之美，百官之富」，如何能有趣味？我方纔說：「研究你所嗜好的學問。」嗜好兩個字很要緊。一個人受過相當教育之後，無論如何，總有一兩門學問和自己脾胃相合，而已經懂得大概，可以作加工研究之預備的。請你就選定一門作爲終身正業（指從事學者生活的人說），或作爲本業勞作以外的副業（指從事其他職業的人說）。不怕範圍窄，越窄越便於聚精神；不怕問題難，越難越便於鼓勇氣。你只要肯一層一層的往裡面追，我保你一定被他引到「欲罷不能」的地步。

第四，找朋友——趣味比方電，越磨擦越出。前兩段所說，是靠我本身和學問本身相磨擦；但乃恐怕我本身有時會停擺，發電力便弱了。所以常常要仰賴別人幫助。一個人總要有幾位共事的朋友，同時還要有幾位共學的朋友。共事的朋友，用來扶持我的職業；共學的朋友和共頑的朋友同一性質，都是用來磨擦我的趣味。這類朋友，能彀和我同嗜好一種學問的自然最好，我便和他搭夥研究。即或不然——他有他的嗜好，我有我的嗜好，只要彼此都有研究精神，我和他常常在一塊或常常通信，便不知不覺把彼此趣味都磨擦出來了。得著一兩位這種朋友，便算人生大幸福之一。我想只要你肯找，斷不會找不出來。

我說的這四件事，雖然像是老生常談，但恐怕大多數人都不曾這樣做。唉！世上人多麼可憐啊！有這種不假外求，不會蝕本、不會出毛病的趣味世界，竟沒有幾個人肯來享受！古書說的故事「野人獻曝」，我是嘗冬天晒太陽的滋味嘗得舒服透了，不忍一人獨享，特地恭恭敬敬的來告訴諸君，諸君或者會欣然采納吧？但我還有一句話：太陽雖好，總要諸君親自去晒，旁人卻替你晒不來。（本文節錄自《飲冰室全集》） ■

蒙田：閱讀的交流

在我人生旅程中一直伴著我，並且隨處給我幫助的，是和書籍的交流；當我面對老年與孤獨，它給我慰藉；它將我從惱人的無聊中解救出來；它助我逃離週遭討厭的人；如果不是極端的、佔據了我整個靈魂的憂傷，它能馬上削弱那憂傷的力量。要轉移惱人的念頭，除了進入書中外別無他法；書籍能立刻吸引我，把其他的事趕出我的思緒。不要以爲我是因爲缺乏其他更眞實、自然，與活力的方式，才向書中尋求慰藉；我的書總是以同樣的溫柔接納我。

人們說：「把馬匹牽在手裡不騎，還不如步行。」就好像拿坡里與西西里的國王詹姆士，明明是個俊俏、年輕、健康的人，卻總是坐在手推車中，靠在一個可憐兮兮的羽毛枕上，穿著粗糙的灰布長袍，戴一頂同材質的軟帽。可是，同時又有一列皇家的轎子、各種駿馬、紳士與軍官隨侍在側。這種禁慾生活，顯得既缺乏說服力又搖擺不定，就像是袖裡有藥卻不服用的病人，不值得同情。這句俗話說得很對，這句俗話的經驗與實際，也可說明我從書中收獲的好處。因爲我對書籍好處的利用，就像從不知道書籍好處的人那樣少。我知道，只要我想用它就可以用，結果反而像個吝嗇鬼花錢一樣，捨不得用。因爲我內心對於能夠擁有書籍的好處，已經覺得心滿意足了。

不管是太平盛世或兵荒馬亂，我旅行時一定帶著書。然而有時我也會好幾天，甚至好幾個月，都沒有看書一眼；我會對自己說，明天，或是我高興的時候，我就會去讀書，而這時時間就輕易地溜掉了。雖然如此，我身邊有書、想要讀的時候就可以讀、且隨時可想起它們給我人生的寬慰與協助，這樣的念頭帶給我的是無可想像的滿足。這是我在人生旅程中找到的最好的聖物，我非常同情那些沒有書的人。我接受各種事的吸引，使我從書籍上分心，無論是多麼輕微的事，因爲我知道這不會使我不再親近書籍。

在家的時候，每當迅速檢查完家裡大大小小的事，我常會去我的藏書室。進入藏書室後，從那兒可以俯看我家花園、莊園，望進建築物各部分。在那兒，我毫無計畫地翻閱著各種不同主題的書，翻了一本又一本。我一會兒沉思，一會兒做記錄，口述時來回踱步，奇言怪行，正如同我現在對你說話的方式一樣。書房位在塔的三樓；塔的一樓是我的小教堂，二樓有休息室與櫥櫃，我常在那裡躺臥休息；在那之上是個更衣室，是這棟房子以前最沒有用的部分。我生命中大部分的日子，及一天中大部分的時光，都在那個房間度過，除了晚上以外。屋裡有個漂亮又整齊乾淨的壁櫥，還有個冬天方便使用的壁爐，窗戶採光極佳，視野又好；如果我不是爲了怕麻煩——我總是怕麻煩多過於怕花錢，怕麻煩的念頭使我什麼都不敢做——我可以在房間同一層樓的任何一邊，連通一條百步長、十二步寬，有高牆的長廊。

每個休息的地方都需要走路的空間，當我坐著，我的思想也跟著睡著；想像力無法憑空出現，得用我的雙腳去推動它。那些手邊沒書仍然進行研究的人，情況也和我大致相同。我的書房是圓形的，除了我桌椅佔據的地方，已經沒有任何一面牆是空著的了。因此在桌椅以外的環狀空間，我可以一眼看見所有的藏書，環繞著我放在五排書架上。書房有三面寬廣視野，直徑六步寬。冬天我不一直待在那裡，因爲我的房子建在高地，首當寒風與天氣之衝。我喜歡這房子進出不便，而且有點遠，一方面讓我可以運動，一方面遠離塵囂。

這裡是我的王國，我致力於讓自己成爲此間完全的統治者，讓這個角落脫離任何社會形式的約束，不論是夫妻、子女或社交的關係。在其他的地方，我僅有口頭上的權威，以及混亂的本質。在我心目中，人如果沒有一個屬於自己的、只需自己高興就好，又可以避開其他人的家，那眞是可憐。野心感染了它的信奉者，使他們像是市場中的雕像般，總是在展示給別人看。「人爲財所疫。」他們沒有人本性所需要的隱居地。我觀察到一些修道院，它們的禁慾苦修生活中最嚴重的問題，就是有社會地位規範，做什麼事都有一大堆助手。我認爲人寧可總是孤單，也不要永遠沒有獨處的機會。

如果有人對我說，將讀書當成一種心智遊戲和消遣，是侮辱繆斯的行爲。我會告訴他，他對遊戲和消遣的意義，還比不上我了解。我甚至想說，除了遊戲和消遣以外的目的都是荒謬的。我活得並無保障，讓我敬謹地說，我只爲自己而活；我是我一切心念的目標，也是我最後的歸宿。年少時我讀書是爲了炫學，後來是爲了讓我自己有智慧；現在，我讀書純粹只爲自娛，不爲獲得什麼。以浮華揮霍的性格選購傢俱，不只爲支應個人需要，更爲了虛榮與對外炫耀，我早在很久以前就拋棄了這種讀書態度。

對懂得如何選書的人而言，書籍有許多迷人的特質。但萬事有好處就有壞處。讀書的樂趣不比其他的娛樂純粹。它有它的不便，很大的不便。確實，書籍磨練心靈；但是我並沒有忘記注意身體，讀書時身體缺乏運動，因此變得沉重鬱悶。我知道過度讀書對我有害，在我這風燭殘年，唯須避免過度。■

梭羅：閱讀天地之書

譯──張惠菁

如果我們仔細選擇自己追求的目標，或許許多人都會選擇當學生或是觀察家，因爲學生或觀察家的天職，對所有人而言都是有趣的。不管是爲自己或子孫積聚財富，是建立家庭或國家，甚至是贏取聲名，在這些方面，我們的生命都有終結的一天。但在追求眞理上，我們卻能不朽，不需擔心時移事轉。

我的林中木屋，比大學更適合思考，更適合作嚴肅的閱讀；雖然我沒辦法使用圖書館，但我比過去更能接受天地之書的影響，這天地之書曾經是寫在樹皮上的，歷經許多時代的傳抄才寫到了紙上。詩人馬斯特說：「坐下，神遊於精神世界的領域，這是我在書中得到的樂趣。一飲即醉，這是我在飲用醇酒般深奧義理時，得到的樂趣。」整個夏天我桌上擺著荷馬的史詩《伊里亞德》，雖然我只是偶爾翻翻。爲了蓋房子，又要種豆鋤草，我的雙手勞動不停，根本不可能有更多時間閱讀。但我鼓舞自己，以後會有時間讀書。在勞動之餘，我讀了一兩本膚淺的旅遊書，不過讀那種書使我羞愧，質問自己身在何處。

學生如果用希臘原文讀荷馬或埃斯齊魯斯（Aeschylus），就不會染上不專心或奢侈的習性，因爲那暗示著他一定程度上想模仿希臘英雄們，並將早晨的寶貴時光獻給那些書頁。這些偉大的書籍，對墮落的世代而言，即使是用我們的母語印行，讀起來也覺得像是死去的語言；我們必須努力尋找每個字、每一行的意義，極盡我們所有的智慧、精力、慷慨氣度去揣摩。現代便宜多產的印刷品、那麼多的翻譯版本，並不能幫助我們接近這些古代的偉大作家。他們看起來那麼孤單，他們的文字稀有而奇妙如昔。值得我們花費青春與寶貴光陰，去學習那超俗的，具有永恆啓示作用的古代語文。

人們以爲古典的學問將會被更現代更實用的學問取代，但有進取心的學生永遠都會學習古典，不管古典作品是以何種語文，在多久以前的時代寫成。因爲古典作品不就是人類最高貴思想的紀錄嗎？古典作品是唯一不滅的神諭。古典作品爲現代人疑惑提供的解答，是戴爾菲神廟、杜道那神廟從來沒有給過的神諭。如果我們覺得古典作品太老，不值得學，那我們乾脆也不用研究自然了，因爲自然也是老的。良好的閱讀，亦即以眞誠的精神閱讀，是一種高尚的運動，比這個時代推崇的任何運動方式都更能考驗讀者。它需要運動員般的訓練，窮極一生持續的專注。對於書本，我們應該以如作者寫作時同等的謹愼與虔敬心情去閱讀。

無論我們多麼崇拜演說家的妙語如珠，最高貴的書寫文字比起那些漂浮的口語，就像是高遠的星空之於低處的浮雲。看！星星就在那兒，能讀的人就讀吧！天文學家們永遠都會仰望、評論那些星星。它們不像我們的日常對話、呼吸氣息，轉瞬即逝。講壇上重視的是口才，書房裡重視的是修辭。演說家捕捉短暫的時機，對他眼前那些聽得到他說話的群眾演說；但是作家們，屬於他們的場合是平靜的生活，激勵演說家的事件及群眾只會讓作家分心，他們只爲人類的智性與健康而說，只對任何時代能理解他們的人而說。

難怪亞歷山大大帝在遠征途中，還將《伊里亞德》隨身攜帶在寶匣中。書寫文字是聖物之中的首選。文字一方面是我們最親密的東西，一方面又比任何形式的藝術品都更具世界性。它是最接近生命的藝術。可以被翻譯成各種語言，不只被閱讀，更被所有人類呼吸著──不只是表現在油畫布或大理石上，而是用生命的氣息去雕刻。

兩千個寒暑已經過去，希臘文學的偉大成就，就像它們的大理石雕一般，在時間中得到成熟的金色光暈，因爲它們已將神聖寧靜的氛圍傳播到各地，使它們可以免於時間的崩壞。書是世界最珍貴的財富，所有世代與國家最適當的遺產。最老最好的書籍，自然而恰當地佔據了每間屋子的書架。它們並不爲自己辯護，但當它啓發、支持了它的讀者，讀者自然不會拒絕它。書的作者在每個社會都是天生且無法抗拒的貴族，對人類的影響遠大於帝王。有些不識字的，甚至可鄙的商人，靠著經商發財，賺取到獨立與空閒的時間，得以進入時尚與財富的社交圈，他們最後總會希望進入更高、更難進入的知識及天才的圈子，並且意識到自己文化的缺憾，以及他財富的浮華與不足，因而努力使他的子女能接受他自己求之不得的文化教育；唯有如此，他才能成爲一支永續家族的創建者。（本文節譯自梭羅《湖濱散記》） ■

達賴喇嘛：今生的知識，延續到來生

現代科技滿足了人類的物質需求，同時也帶來一些問題，但我認爲科技本身不是什麼負面或壞事，問題是我們如何去使用科技。人類如果過於依賴科技，以爲科技可以解決我們所有的問題，那麼這就是所有問題的開始。我一直認爲，並且經常和朋友說，人類應該從正面的角度來看待科技，應適當控制科技，而人類的心智和人類的念頭就是開啓之門。

現在有很多新書出版，有宗教類的，或其他心靈學類的，都很好，我不知道該推薦哪本書給大家。我閱讀的方式和一般西藏佛教學生沒有什麼兩樣，我讀了很多自己有興趣的書，我讀佛學、經文、哲學教科書、印度的起源對西藏的影響，以及西藏學者寫的一些文章等，最近我也閱讀一些自己所寫的潛修文章。

我從導師那裡得到一些如何教學的經驗，還從一些學者，以及生活的經驗學習中得到啓發。我總是很急切地從他們的知識和經驗中學習。學習不僅是想教導別人，也是自我的潛修，我總是告訴我的朋友要多去學習，要知道不斷研讀。成佛之道，學習是無止境的，你必須不斷地學習。

如果你今生學得很多深刻的思想與知識，這些知識會成爲你更深層的理解，那麼下輩子從孩提時候開始，就會有一些是前世留下來的回憶。雖然人們不會知覺到這些，但的確有一些影響是前世留下來的。知識在今生過往後，來世仍然可能存在，如果你的今生有一些概念想法，這些想法深層到可以觸及你更深的思想，與更深的理解，應該會對下輩子有一定的影響力。

我每天六點半起床，然後我會花四小時禪坐和祈禱，當然這包括吃早餐，到八點半左右，我就開始讀書和做一些會話練習。看的書基本上是以佛教類的爲主，包含綜合佛的對話，還有佛經與哲學的綜合，另外，也閱讀關於頭腦、宗教與心智等各種主題的科學類書籍。最近幾年，我有機會和一些科學家對話，對談的主題主要在宇宙學、精神生物學、次原子學與精神學這四個領域，而佛教的傳統其實和這四個領域有相當大的關連。科學的一些東西對我們很有幫助，對科學家而言，佛教的一些道理也提供他們以新的角度來看待科學。

在我的成長過程中，接受的是屬於上個世紀的傳統式教育。大約十四歲，我開始喜歡學習英文，當時沒有機會練習說英文，主要先從字典去學，之後再學習講，和一些會講英文的官員找機會練習。我先前談我讀一些天文學、宇宙學，事實上大部分是自學，沒有老師，無師自通。1959年有一位從印度來的老師，我跟他學習了幾個星期後，就放棄了，因爲我是很懶惰的學生。同樣的，1954年我在中國的幾個月裡，認識了幾個懂中文的官員，跟他們學了幾個月的中文，但之後我也放棄了。是我太懶了，我想要不用讀書就可以學會這些東西。

我希望分享給台灣的年輕人的是自信心。我們有人類的智慧，我們有所有的可能性來迎接我們的智慧財產。有時候你可能會覺得無法承受壓力和沮喪，試著從不同的角度來看事情，看看是否有不同的可能性。這是很有幫助的，假設你從近距離來看悲觀的事，你會覺得無法承受，但同一個問題如果從較遠的距離來看就不一樣了。以我自己的經驗來說，我經歷了很多悲傷的經驗，我就嘗試從不同的角度和距離來看，然後果斷地解決問題，這是很重要的。還有，從一開始你就要接受這個事實——人生不是件容易的事。例如經濟問題隨時會發生，幾年前當我在日本時，日本的經濟很順利，於是我告訴他們，經濟不會一直像現在一樣，你們必須擁有一些困難的經驗。然後，我的一些日本老友告訴我，他們終其一生追求經濟的成長，一旦經濟遇到問題時，他們一生的努力全部都泡湯了。你必須知道，人生是非常複雜不容易的，總是會面臨一些困難，如果你心理有準備，一旦遇到問題，你就不會太被困擾。

此外，我還想與大家分享一件事，我們是人類，所以身體與思想有時候會希望藉助一些物質的設備，好讓身體感覺更舒適，但除了物質上的設備之外，我們也需要一些精神上的慰藉，來幫助你擁有思想上的平靜，特別是當你遇到一些問題時。我相信人類的同情心、溫暖的心、關懷和耐心、滿足和讚美，這些都是很重要的好的特質，這些不是什麼很崇高的美德，但都是在我們生活之中，讓我們擁有平靜的心靈和滿足，如果人有太多的慾望或貪念，永遠不會感到滿足，永遠會想要得到些什麼，如果你沒有耐心，一點小小的憂傷和問題，就會難過得不得了。在這種情況下，爲了長遠的利益，你必須犧牲短程的自滿和短程的利益，這也是一種教義原則。需要依靠謹愼地自我約束，限制自己，這就是自制力。

此外還需要有關懷的心。我們是社會的動物，不論個人的成就如何，仍是社會的一部分，是人類的一部分。我們非常需要人與人彼此之間的關懷。物質與精神上的發展不是宗教上的信仰，而是一種循環的要素，兩者要結合，然後我們的生活會變得更人性化。■

（本文由公共電視節目《新閱讀時代》高大威先生訪問達賴之對談整理而得，並經《新閱讀時代》授權使用。）

幾米

Part V
Life Style
閱讀生活

幾米的圖像閱讀經驗

圖像當然要有基本的東西，但最重要的還是作者的腦袋要講什麼。因爲美到後來變成一個裝飾品，就是過眼的東西。

採訪整理——冼懿穎　攝影——何經泰

你對圖像閱讀這件事的定義和看法是什麼？

我覺得圖像閱讀是最自然不過的事。小孩子開始看東西就是從圖開始看的，而且它沒有語言的隔閡，可以跨國界，等於全世界都可以看。

像我自己去看圖的話，我通常會看得比較仔細一點，會去看很多細部。你可以從裡面看到線條、結構、色彩、比例、意涵或是想像、抽象……很多東西，可是如果你只看整體的話，那就只是一張圖而已。

我學習畫圖的方式，通常也是從別人的圖裡面開始。圖像有線條、有不同顏色的變化、有光影、表情、動作，這些東西如果要用文字來敘述的話，可能要非常多的文字。譬如說照片，那更是瞬間的存留，尤其是旅遊的東西，好像文字再怎麼描述，都只是需要藉一張圖片，馬上就可以融入那個文字的感覺。

圖像閱讀和文字閱讀最大的差別在哪裡？

我覺得圖像是一整塊的印象直接進來，可是文字是一個字、一個字累積，一直進去，所以它可以到更深的地方，可以更擴展。我覺得文字已經把想法非常緊密的扣在一起，所以變異性沒有那麼大；可是圖像可以再由看的人去發揮更大的感受，一張圖心情好跟心情不好的時候看會有很大的差異，年紀小跟年紀大的時候看又有非常不同的感受，可是文字扣得比較準，基本上跑不掉。

圖像的東西可否說是「一刀兩刃」，它就是一塊進來，所有東西馬上掌握到；但另一刃則是會忽略了細部？

像我們看那些經典的名畫，就覺得是一幅圖而已，可是如果蔣勳老師來看，他會看到，天啊！他們眼中的世界多麼的不同啊！他們可以看到非常細微的黃昏的光芒，或是畫家心理的狀態、他的構圖，或當時社會的整個感覺是怎樣……他們甚至可以從裡面人物的髮飾、耳環、動作或是神情，來了解他當時的社會地位或什麼，可是對我們來講就是個女的站在窗邊而已。也許我們看漫畫只是看到文字告訴我們的故事，可是去欣賞那個圖的部分，是另外要再花時間的。

大量且貪婪的閱讀圖像

對於一個不看圖像的人來講，你覺得他們該怎麼樣練習？

前幾年郝廣才先生提出「圖盲」的說法。他覺得很多人都是圖盲，沒有辦法閱讀圖像，不懂，不能了解，沒有辦法去欣賞創作者畫這幅圖的用意、它的美好。他提出圖像閱讀也是需要去學習的。最近看到很多人講畫圖是很神祕的事情，很多人大概十幾歲以後就再也不敢去畫圖了，因爲那是另外一個腦袋在思考的東西，所以郝廣才先生說要「消滅圖盲」，哈哈哈……

我會覺得不要限制自己去接收。我想沒有人眞的懂一個人畫出來的圖，可是你就片片段段去感受他的什麼東西。就像去看「雲門舞集」好了，有時候你也不是去懂他爲什

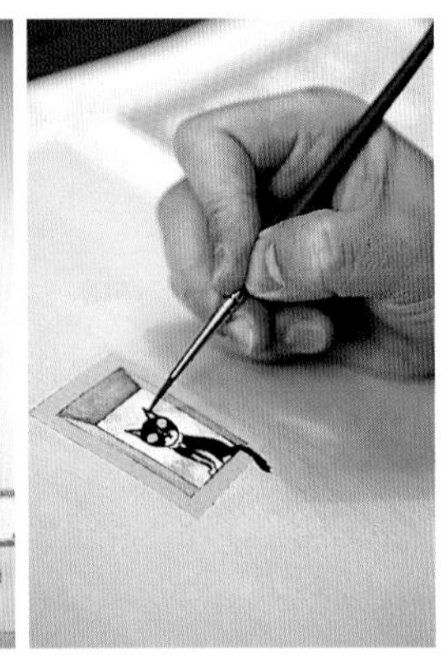

麼要這樣跳，可是基本上那也是個圖像——你看那個人的走動、他的衣服、還有燈光下來那種感受，是會讓你覺得非常美好呢，還是會把你拉到一個很遙遠的空間……？而不是眞的要去懂。所以我覺得也許看圖的第一件事，就是用一種自然的力量去感受它，像小孩子看圖可能沒有所謂看懂看不懂。

那你自己的圖像閱讀和文字閱讀各是怎麼樣的經驗？

我是兩個分開的耶。因爲我要畫圖，所以有一段時間我是大量地、很貪婪地去看，任何書的任何圖我都要看。尤其是國外的那種，像*Time*、*Business Week*，裡面會有一些漫畫，我會整本書就去翻那幾則漫畫家的圖。我也不懂他什麼意思，可是就會去看他怎麼樣去表現那個圖。或者日本女性雜誌，我就是會去看那幾張教人怎麼敷臉的那種小圖，就給我很大的趣味——他怎麼這麼簡單就可以把要講的東西示範出來。我現在當然比較不看了，可是我在比較早期的時候，甚至會希望可以到書店去把所有雜誌翻一遍，看它有沒有幾張小圖。我的文字閱讀就是比較傳統，就是一直看、一直看下來。

你對圖像的閱讀是在你要成爲一個插畫家時才很明顯的浮現出來？

對，很明顯的去研究。小時候很自然就是畫，可是等到我要變成一個插畫家的時候，我突然發覺自己的不足，因爲再怎麼畫都很爛，所以就開始翻任何書裡面的任何圖來看。以前我都不會注意這麼多，可是當自己開始畫的時候，就會去注意所有的細節。現在會覺得爲什麼這個線條是直的，跟有點扭曲的會給你不一樣的感覺；爲什麼這個插畫家的作品自己會那麼喜歡，是因爲它的輕鬆呢，還是它的嚴謹？是因爲它的黑暗，還是因爲它的光明？我會去看那種自己完全不喜歡的財經雜誌，是要把裡面的圖找出來看，甚至會爲了那張圖而把那本書買下來。雖然沒有一個體系，可是我是透過非常努力的閱讀，然後去研究爲什麼自己會喜歡它。

這樣的狀況持續了多久？

持續很久耶，大概十年都有。我在二十五六歲開始去廣告公司上班，然後因爲想畫圖，所以開始去看。其他人會去看所謂的大師，可是我不是，我就是去看那些小圖……甚至有時候一張小圖都可以讓我感覺有很大的進步，然後慢慢就學會了所謂好的是什麼、不好的是什麼。當然有些人畫得很漂亮你一眼就知道，可是你會慢慢欣賞到一些別人沒有那麼注意到的作品，可是自己卻非常喜歡，然後就去了解爲什麼自己會這樣。

用簡單的圖敘述複雜的故事

你曾說桑貝對你的影響很大，是在哪方面的影響？

我很喜歡桑貝的圖，大量閱讀他的作品、學習他的線條。他讓我覺得「大有可爲」，哈哈哈……因爲以前覺得做插畫家滿可悲的，地位非常低，都不被重視。以前有些漫畫家會讓我覺得他賺不少錢，可是他們不會引發我去創作。桑貝爲報章畫漫畫，又出書，你會覺得自己也可以做到跟他一樣的工作，覺得他這樣做很了不起，如果能做到像他那樣是很值得驕傲的。畫家我們有梵高、畢加索，可是插畫家卻看不到有誰是代表人物，當我看到桑貝的時候想法就有了改變，我覺得自己可以出他那樣的書，所以便離開廣告這個行業，去追尋那樣的夢想。

如果你的作品不是用繪本型態，而是以文字型態來表現的話，會是怎樣的狀況？

比方說《向左走，向右走》好了，我要講的是一個城市的「疏離」和「緣分」的東西。如果用小說或電影，事實上他們住在這個城市的任何角落都可以；可是用圖畫形式，我就必須把它濃縮到男女主角住在隔壁才有辦法完成這個故事。我是故意要去簡化它才能夠說故事，才能把那個氣氛營造出來。眞正那種百轉千迴的情緒，有時候我是會把它放空一點，就讓讀者去想，因爲我也做不出來。要成爲我的繪本，就一定要簡化到這種程度。

現在回想起來，《向左走，向右走》或《地下鐵》這兩本書是很難做的東西，再有像這種形式出現的故事的機會不大。《向左走，向右走》是一個繪本形式的經典，《地下鐵》也是。如果要用文字去描繪那個色彩是沒有意義的，不可能每一篇去描繪說他走進哪裡、磁磚是怎麼樣……用圖畫形式，這個故事就有意義了。它會讓你覺得畫中人處於不同的時空，她的心情靠色彩去醞釀，那是文字不太可能做到的，而圖像就是你打開這一頁，就可以感受到它的華麗。我會畫《幸運兒》是因爲他會飛翔，那也不是文字可以描繪的。或者是森林裡的兔子，我要去畫牠是因爲牠可以忽大忽小，去講那個空間；像《月亮忘記了》，月亮來到小孩的身邊，一個球在身邊飄動的感覺，那是一定要畫出來才可以感受到的。所以總是要圖有說故事的能力的時候，才會變成我的作品。

你覺得漫畫跟插畫最大的不同是什麼？

我覺得漫畫更接近電影，插畫比較附屬於文章之下，所以它的功用跟漫畫不一樣。漫畫的功用是自己本身要說那個故事，插畫相較下則是文章在說那個故事，插畫只是配置的功用。我覺得如果把漫畫的文字抽掉會有非常大的問題；可是，如果把我的繪本裡的文字抽掉，我自己覺得問題沒有那麼大，甚至很多人建議我不要放文字。《向左走，向右走》第一次到法蘭克福（書展）的時候根本就沒有做翻譯，可是那邊所有的編輯都懂這個故事在講什麼。

美麗絕對不是最重要

所謂美感和美學，跟培養圖像閱讀之間到底是怎麼樣的關係？

我覺得還是要培養。當你看了很多書之後，你就知道哪本書比較好、哪本書比較爛，我覺得圖也是。如果一直停留在看迪斯尼（的圖畫），我並不是說迪斯尼不好，但品位就會很單一。你去看了很多圖像後，會忽然發現這個圖才是棒的、那個是平凡的……就像有些人讀書的品位很高，他可能是天生，也可能是他讀了很多、很多書之後，突然就有了很棒的觀點。

很多年輕人會理直氣壯的跟你說自己的作品很棒，可以出書，可是你就覺得再畫個五年會更好。等他五年後、看了更多圖後，可能會覺得：「還好當時沒有把這本書出版。」

以圖像閱讀而言，美麗本身是很重要嗎？

我覺得美麗絕對不是最重要，重要的還是其意義，因爲很多漂亮的東西事實上過了就過了，但是它後面的東西，如果是眞的有意義才會留下來。就像我看《向左走，向右走》，基本上它眞的是畫得不好，可是那已經不重要了，因爲我後面畫得再好，可能都不會賣得比《向左走，向右走》好，那是因爲它故事本身能打動人。所以可能很多人畫的東西都很漂亮，可是大家並不愛。因爲美到後來變成一個裝飾品，就是過眼的東西。

我覺得圖像當然要有基本的東西，但最重要的還是作者的腦袋要講什麼。我覺得最後面還是回到跟文字一樣，就是大家喜不喜歡那個故事，或是創作者所呈現的觀點。你是因爲這個圖像很聳動而愛它、或很變態而愛它、或很溫馨而愛它……每種類型都可以存在。外國有些地下畫家，他們的作品很可怕，都在講性，可是它被廣爲流傳，因爲它還是觸動到人類的某一個東西，而不是因爲它的美麗。只是在一般圖像閱讀上，我們一開始還是偏向有美感的東西，可是到後來那不是最重要的；也有壞品味大行其道，因爲有被需要。

很多人說，我們很多人可以畫得比幾米好，爲什麼就是出不了一個幾米？

對啊，我從來沒有覺得自己畫得好。畫得好不好是個問題，可是眞正的問題不只是這個，像蔡志忠，如果要模仿他的圖並不難，可是他爲什麼可以這樣千萬本的銷售？是因爲他把複雜的東西，用自己的觀點重新去詮釋，讓大家可以接受而且得到趣味，這跟他畫得好不好一點都沒關係，還是跟他的腦袋有關係；像朱德庸也是，他的嘲諷尖銳刻薄的手法是跟別人不一樣的。

現在這個時代，又有網絡，又有手機短信，這樣的環境裡面，對創作者的影響是什麼？

我覺得本質都沒有變。很多人都說電腦來了，所有人都開始用電腦畫圖了，我們這些畫手工業的就不必了，所有年輕人都去畫電腦。可是我從來不覺得那有任何的重要性，它可能讓你更省事一點，可是事情都是兩面的。電腦可以複製一萬張圖，可是就缺少了一張原稿，像你有一億張蒙娜麗莎的圖像，卻沒有一張蒙娜麗莎的原稿，意義就不一樣了。大家說電腦可以幫助你做多少的修改、顏色的調配，這都沒有錯，可是本質還是沒有變——就是創作者的個性，他的想法、風格、童年記憶等等，都會影響作品，那不是電腦可以做的。

你覺得創作的本質是什麼？

本質還是創作者的特質。■

幾米看什麼書？

我一直都很喜歡看室內裝潢的書，因為可以看到生活在那個空間的人的品位，感受到那個城市的味道。可是我不是直接去研究他們的大的東西，而是從生活的細部，看出一個城市的趣味。攝影的東西我也很喜歡，其實跟室內裝潢有點相似。其實我很多作品都是在處理空間的問題，不全然是故事。縱使要說故事，我也喜歡用空間的氛圍來營造那個故事氣氛。

我偶爾也喜歡讀詩集，可以斷斷續續一直看，可以想像很多事情，一些畫面。我覺得看詩集獲取的靈感會比較豐富，因為它夠大，所以可以加入很多自己的東西，可是像小說你就會進入它的故事。就像辛波絲卡（Wislawa Szymborska）的詩句，我覺得就可以用到我的書裡面。

繪本是絕對不能少的。兒童繪本像約翰．伯寧罕（John Burningham）的作品，以前我並不太懂得欣賞它，因為他的圖畫並不是那麼討好，而且你會覺得他畫得很醜，可是後來才知道他是很厲害的繪本大師。以前看圖像比較偏食，會去專門看自己喜歡的，可是當你看了這個類型之後就知道，喔，不能以貌取人，很多東西是要配合他要說故事的形式，絕對不是美麗就夠了。他的畫給我很多衝擊。

高栗（Edward Gorey）的*Amphigorey*是一個很冷的作品，可是我非常喜歡。我自己沒辦法那麼冷那麼酷或那麼有趣，有時候反而是看自己欠缺的那部分。當然有一些大師像博特羅（Botero）的作品，也是當你沒有辦法的時候就去翻翻，看會給自己哪些刺激。你就會發現腦袋好像稍微打開了一點，不是只是陷在台北、在這個空間裡，因為這些東西把自己帶到很遠很遠的地方。

重度書癡的黃金守則

文——張惠菁
圖——麥仁杰

教授．該怎麼解釋這本書的化石？

I 千萬不要只讀新書

村上春樹的小說《挪威的森林》裡，主角渡邊只讀去逝二十年以上作者所寫的作品，他就是在讀費茲傑羅的《大亨小傳》時，認識了和他有同樣讀書品味的朋友永澤。兩個性格迥異的年輕人，因爲一位死了二十年的作者，而發展出一段友情。

哲學家叔本華說起當代人愛讀沒有價值的新書，火氣十足：「平凡的作者所寫的東西，像蒼蠅似的，每天產出來，一般人只因爲它們是油墨未乾的新書而愛讀之，眞是愚不可及的事情。這些東西，在數年之後，必被淘汰，實際在產生的當天就應當被遺棄的，只可作爲後世的人談笑的資料。」「這些書的讀者眞是可憐極了。他們以爲讀極平凡的人的最新著作是他們的義務，因此而不讀古今中外的希罕的傑作，只知其姓名而已！其中那些每日出版的通俗刊物尤爲狡猾，能使人浪費寶貴的光陰，無暇讀眞正有益於修養的作品。」

不過叔本華對於失去了生命力的古書也同樣不客氣：「如同地層依次保存著古代的生物一樣，圖書館裡的木架上也保存著歷代的各種古書。後者和前者一樣，在其當時，都是轟轟烈烈，大有作爲的，而現在則已經成爲化石，毫無生氣，只有考古學家還在玩賞罷了。」

新書是蒼蠅，古書是化石，難道叔本華想叫我們不用讀書？那倒也不是，只不過這位老先生品味挑剔，他認爲無論什麼時代，都有兩種文藝，一種是不朽的，由「爲科學或文學而生活的人」所創造，這種文藝的形成過程，嚴肅、安靜而緩慢，在歐洲一世紀中所產生的作品不過半打。另一種是「靠科學或文學而生活的人」所寫的，「他們狂奔疾馳，受旁觀的歡呼鼓譟，每年送無數作品於市場上。但在數年之後，不免發生疑問：它們在哪裡呢？它們以前那喧赫的聲譽在哪裡呢？因此我們可稱後者爲流動的文藝，前者爲持久性的文藝。」換句話說，叔本華以爲讀書應該讀經得起時間考驗的，持久性的文藝書籍。

2 向人借書是不道德的

紐約時報書評人布洛雅（Anatole Broyard）大概是最小氣的書主人了，偏偏常有不識相的朋友來向他借書。布洛雅無奈地寫道：「他們一派天眞，對我借出書本時的心情一無所知。他們不明白，我認爲自己是在給他們愛、眞理、美、智慧，和面對死的慰藉。他們更沒想到，我每借出一本書的感覺，就像是女兒跟男人同居時，當父親的心裡那種滋味。」像布洛雅這樣的愛書人，不免有些大小眼──不是用財富地位判斷人的那種大小眼，而是一種知性的勢利眼。如果來借書的人，在他眼中是無法讀懂那本書的，他會因爲擔心糟蹋了書本，而千方百計地拒絕。

然而，即使是布洛雅這樣嚴格的書主人，還是免不了有把書借出去的時候，那可是焦慮的開始了。詩人艾略特說，每一本新書都改變了前一本書，布洛雅的說法是：「每一本在我書架上缺席的書，都改變了剩下來的書。」書主人等待朋友還書的日子，就像是孩子去參加派對遲歸的夜晚，父母親在家緊張兮兮地等門。

一位已故美國作家莫利（Christopher Morley）和布洛雅有類似的感受。不過他的朋友更惡劣，不但把書借走，還順便再轉借給自己的朋友、朋友的朋友……。莫利好不容易拿回自己的書後，只得語帶諷刺地說，他朋友沒把書交給他家裡的嬰兒當玩具，也沒拿書當煙灰缸，眞是太感謝了。當初借出這本書的時候，他以爲再也見不到它，沒想到還能完璧歸趙。莫利欣喜之餘，順帶一提：「這樣我可能也會還幾本我借來的書吧」。

有這種惡行惡狀的借書人，難怪焦慮的書主人布洛雅要問：如果你眞的很想讀一本書，幹嘛不自己去買呢？

3 偷書賊應該被詛咒

在巴塞隆納的聖派卓修院內，有這麼一段詛咒偷書賊的話：

「對那些偷書，或是從書主人手中借走了書而不還的人，讓那書在他手中變成毒蛇，並且咬噬他吧！讓他癱瘓，四肢萎縮。讓他受痛苦折磨，哭喊求饒。除非他崩潰，痛苦不停。讓書蟲侵襲他的內臟……當他面臨最後審判時，讓地獄之火永遠地吞沒他。」

比起現代人在牆壁上寫「在此倒垃圾者全家死光光」，這些古代修士們可眞是不惶多讓。

4 有書不一定要看完

擁有很多書的人最怕被問到這樣的問題：「好多書啊！你都看完了嗎？」要是回答沒看完，恐怕問問題的人馬上就露出「哈哈，抓到你了吧」的表情，好像是你沒事故意弄很多書在家裡裝學問似的。回答看完了，又有幾分心虛，因爲很多書確實只是翻翻，或只選自己感興趣的部分看，也有的根本就是工具書，需要的時候才拿出來查閱的，怎麼好意思大言不慚地說全看完了呢？

艾柯（Umberto Eco）就認爲，問這種問題的人完全搞錯了，書架可不是放書的儲藏架，而是實用的工具，以應學者不時之需。將近一百年前也有人持和他同樣的看法，美國牧師希金森（Thomas Wentworth Higginson）曾寫道，當一個學生的書多到一定程度，得找木匠來幫他多釘幾個書架，很容易會碰到這樣的問話：「這些書你全看完了嗎？」希金森充當學生的軍師，教唆他們反問：「那你工具箱裡的每一件工具，都用過了嗎？」

比起艾柯，希金森還算溫柔敦厚。大概太多人對艾科豐富的藏書印象深刻，忍不住要挑釁書主人的學養，因此艾科一次又一次被問到「這些書你都看完了嗎」，問到最後，失去耐心的艾柯回答：「不是，這只是我這個月底前得看完的書！」

不要以爲艾柯眞的一個月看一整間書房的書，他可能只是拐著彎子在說，我忙得很，你就別再問蠢問題了！

5 隨處皆可讀書

一講到讀書，你是不是有以下種種藉口？

「有人讀書必裝腔作勢，或嫌板凳太硬，或嫌光線太弱，這都是讀書未入門路，未覺興味所致。有人做不出文章，怪房間冷，恐蚊子多，怪稿紙發光，怪馬路上電車聲音太嘈雜，其實都是因爲文思不來，寫一句，停一句。一人不好讀書，總有種種理由。『春天不是讀書天，夏日炎炎最好眠，等到秋來冬又至，不如等待到來年。』」

這是林語堂對當代人找藉口不讀書的批評。他接下去說：「其實讀書是四季咸宜。古所謂『書淫』之人，無論何時何地可讀書皆手不釋卷，這樣才成讀書人樣子。顧千里裸體讀經，便是一例，即使暑氣炎熱，至非裸體不可，亦要讀經。歐陽修在馬上廁上皆可做文章，因爲文思一來，非做不可，非必正襟危坐明窗淨几才可做文章。一人要讀書則澡堂、馬路、洋車上、廁上、圖書館、理髮室，皆可讀。而且必辦到洋車上理髮室都必讀書，才可以讀成書。」

對照林語堂半世紀前寫的這段文章，今天理髮室裡面讀書的人倒不少，不過都是讀《美華報導》和《壹週刊》。廁上讀文章的也不少，不過是讀報上的娛樂新聞和股票消息。只有在洋車上讀書比較難，公車裡講手機的人遠比讀書的人多得多。只有一些穿著升學名校制服的高中生，還會在車裡拿出英文單字來背。不過看看台灣公車顛簸的程度，還是別強求了吧。

6 注意你的書是不是夢幻逸品

小說家戴維斯（Robertson Davies）有一次在愛爾蘭一戶人家家中作客時，意外發現主人擁有豐富的祖傳藏書。其中許多書簡直是藏書家眼中的夢幻逸品：四開本的莎士比亞、第一版的珍奧斯丁《傲慢與偏見》、第一版的比德《英國教會史》印刷本等等。不過主人顯然對前代留下來的這些藏書不大感興趣，書本沒有受到很好的照顧。

當戴維斯問他們，既然對這些藏書沒興趣，何不把它們賣掉呢？女主人提到，曾經有一位美國人想來家裡看她的藏書，不過他來訪的時間正是下午茶時候，家裡正舉行喝茶聊是非的聚會，於是男主人在門口擋下美國人的駕，請他改天再來。美國人碰了釘子，從此沒再出現。

其實那個美國人名叫羅森．巴哈，本世紀初著名的藏書家及古董書商，擁有無數的珍貴藏書，總價值達七千五百萬美元。羅森．巴哈曾經以十五萬一千美金的破紀錄天價，買下1640年版的《灣區祈禱書》——這本書可能是現存在英屬北美殖民地最古老的出版品，由當時麻薩諸塞洲灣區的清教徒領袖們印行。如果他看見這對愛爾蘭夫妻家裡的莎士比亞、奧斯丁、比德，他會在驚喜之餘，喊出怎樣的高價呢？

這個問題永遠不會有答案。爲了這對愛爾蘭夫妻喝下午茶的習慣，羅森．巴哈沒有機會見到那些被忽視的珍本。

你可以用戴維斯講的這個故事，替自己做個小小的心理測驗。看完這個故事後，你的反應是：（A）好可惜啊！錯過高價賣出夢幻逸品的機會！還是，（B）哎！那些書錯過一個會更妥善照顧它們的好主人？

如果你的答案是（A），你蠻有理財頭腦的。至於回答（B）的人，你是眞正的愛書人。

7 讀書當益智消遣

南宋詞人李清照，茶餘飯後的消遣就是和丈夫金石學家趙明誠比記性，打賭某件事是寫在哪一本書的第幾行：「余性偶強記，每飯罷坐歸來堂，烹茶指堆積書史，言某事在某書第幾頁第幾行，以中否角勝負，爲食茶先後。中即舉杯大笑，至茶傾覆懷中，反不得飲而起，甘心老是鄉矣！故雖處憂患困窮，而志不屈。……收藏既富，於是几案羅列，枕席枕藉，意會心謀，目往神授，樂在聲色狗馬之上。」

如果當年有讀書電視冠軍，李清照小姐有望角逐勝利。

8 邊讀書邊寫筆記

《如何閱讀一本書》（How to Read a Book?）的作者艾德勒認爲，讀一本書一定要同時寫點東西，「買一部書只是佔有這本書的一個前奏曲。但眞正擁有它，卻是當你使它成爲自己一部分的時候；爲了達此目的，最好的方法便是在書上寫眉批。」艾德勒覺得如果與其珍惜書，捨不得讀，還不如買廉價的版本，對作者還比較尊重。

曾國藩也主張讀書時要：「一面細讀，一面鈔記。凡奇僻之字，雅故之訓，不手鈔則不能記。」

只是不知道曾文正公能不能接受PDA輸入？

9 用閱讀和古人交朋友

十九世紀英國批評家羅斯金（John Ruskin）曾說：「你願意把可以和莎士比亞神交的寶貴時光，浪費在言不及義的閒談上嗎？」

透過閱讀和古人神交，最直接的方法是讀歷史書和傳記。明人李贄讀《三國志》，忍不住想結識書中的歷史人物，表明「吾願與爲莫逆交」，「若諸葛公之矯矯人龍，則不獨予向慕之，雖三尺豎子，皆神往之耳。」吳爾芙（Virginia Woolf）也覺得閱讀傳記的魅力像是去拜訪朋友，走過一家又一家，去過一個花園又一個花園，醒過來時，才發現自己還是停留在原來的地方。

十六世紀的法國思想家蒙田也酷愛讀傳記和歷史，尤其最愛普魯塔克的《希臘羅馬名人傳》。他也熟讀凱撒的《高盧戰記》，喜愛閱讀凱撒的豐功偉績和洗鍊文字。不過蒙田是個難纏的讀者，他並不因爲喜愛《高盧戰記》就對凱撒鬆口，他懷疑凱撒書裡談到自己的地方很少，可能是「爲了想掩飾他污穢惡毒的野心」。不過他也承認凱撒確實是號人物，「要不是他肚子裡確實有不少的材料，他是不可能幹出這樣轟轟烈烈的事蹟的。」蒙田可能不覺得野心勃勃的凱撒是他的朋友，不過透過閱讀他對凱撒確實了解不少，也算是神交了。

10 睡前讀書幫助睡眠

許多中國古代文人，把科舉中第當成上半輩子唯一目標，對他們而言，睡眠顯然是讀書的大忌，所以才會發明出髮懸樑、錐刺股這些自虐的招數。

有些西方人不需要爲了考試而熬夜，卻還是不甘心太早睡著。本世紀初的英國作家史奎爾（Sir J. C. Squire）就說過：「我的床頭書就是能讓我清醒最久的那本書。」

對大英百科全書編輯成員法迪曼（Clifton Fadiman）而言，「最好的床邊書，是那些否認明天存在的書。在床上閱讀，是在我們週遭拉起隱形的、無聲的窗簾。至少我們可以擁有自己的空間，躲進孩提時候的想像私生活，藏進我們許多人一直錯過的秘密滿足感裡。」

史上最著名的床上讀者，恐怕非普魯斯特莫屬。他說過：「眞正的書本不應該誕生自明亮的日光與友善的對談，而應該誕生自幽暗和寂寥。」想像一下普魯斯特哮喘發作而且失眠，他半躺在床上，床頭點著一盞昏暗的燈……嗯，普魯斯特先生，我們懂你的意思了。

II 好好聞一聞你的書

你能不能像十九世紀的英國小說家吉辛一樣，記住自己的書的味道呢？對大部分的人而言，自己的書、別人的書、圖書館的書、站在書店看的書，讀起來都沒什麼差別，吉辛可不一樣，他對自己書的氣味極端敏感：

「譬如我那部吉朋（Edward Gibbon）吧，我已經把那部八冊米蘭版的精裝書，爛讀過三十幾年了——每逢我掀開它的書頁時，那股醇厚的氣味，便恢復了當初我得此書爲獎品時的狂歡情緒。還有我的《莎士比亞》——它有一種味道，能把我送回更早的生活史中去。那部書本來是我父親的，當我年紀還小，不能讀懂它時，父親往往允許我從書櫃上搬下一冊來，恭敬地翻翻它的書頁，當作給我的一種款待。現在那些書的味道，還和以前一樣；每當我拿一冊在手時，它給我的是多麼奇特的親暱感受啊！」

原來不只普魯斯特的瑪德琳小甜點可以把人帶入回憶的時光隧道，書也可以。

I2 壞書是罪犯的替身

吳爾芙大概常受到壞書之害，因此她在〈爲什麼我們要去讀一本書？〉文中寫道：「……過去我們是書籍的朋友，但現在則是它的法官……那些曾經浪費我們的時間、騙取我們同情的書，難道不是罪犯嗎？那些僞書、壞書、錯誤百出的書底作者，使社會瀰漫著腐敗與精神墮落的現象，難道它們不是社會無形的公敵嗎？對於這些書，當這些作者讓我們在下判斷時，要嚴厲一點才行……」

吳爾芙雖然主張對壞書嚴格篩選，卻也主張讀書是最大的恩賜。她想像末世審判之時，所有歷史人物在上帝面前接受評斷，「而當天主看見我們腋下夾著書向他走來時，他略帶羨慕地向聖彼得說：『你看，不必給這些人任何報酬，因爲他們在人間已經熱愛過讀書。』」■

隨處與書相逢

書籍的魔力何在？我以爲不外乎它引領讀者對未知的人事物發生興趣。當我們無論在私密或公共的空間中隨處都能與書相遇，那表示書籍其實已經成爲我們生活的一部分，讓我們在不知不覺中上了癮。

文、圖片提供——鍾芳玲

在《愛書狂的解剖學》（The Anatomy of Bibliomania）一書中，博學多聞的英國作家霍布克・傑克森（Holbrook Jackson）堅稱書籍在任何地方、任何時間都可以被閱讀，一個天生的讀者無時無地皆能讀書，任何地方對眞正的愛書人來說都可以稱之爲書房。傑克森自己本就是個不折不扣的愛書狂，他同時還舉證歷歷，從戰場中的亞歷山大大帝與拿破崙到監獄裡的奧斯卡・王爾德與湯姆斯・摩爾（Thomas Moore）；從航行中的麥考萊（Thomas Babington Macaulay）到馬背上的阿拉伯的勞倫斯；從餐桌前的約翰生博士與查爾士・蘭姆（Charles Lamb）到游泳前赤身於岩石上的雪萊，這些愛書人可以在看似艱困或不便的場所依然進行著他們感興趣的活動——閱讀。

書籍與人類及空間的關係是個有意思的主題，據我多年的觀察，一般愛書人或許對閱讀不至於到如此專注痴狂的地步，但是卻無不希望隨時隨地都能「看書」——在視線所及處看得到書。以我個人來說，書房裡有書不夠，客廳、餐廳、廚房、臥房、浴室、儲藏室全得有書，外出最好也能見得到書，我把瀏覽他人（識與不識者）的書當成一種消遣與樂趣，如果到朋友家造訪，一定先站在書架前仔細打量。此外，我還經常翻閱西方建築、裝潢類的書籍與雜誌，倒非我關心現今流行的趨勢是偏向極簡風格或走復古路線，而是我喜歡欣賞其中有關別人家書房的介紹與擺設，有時我甚至會瞇起眼睛、企圖辨識屋主的書架或書桌上的書種爲何，看到自己也有的書時，總不禁發出會心的微笑。

這種或許會被喻爲另類偷窺的行徑，原來並非我所獨有。1999年二月八日那期《紐約客》（New Yorker）雜誌的第六十六頁刊登了一張照片，畫面裡是一個古典的雕花木質書架，最讓人艷羨的是架上密密實實地擺滿了令人垂涎三尺的古籍，書種隱約看得出多是屬於印刷、出版類，顯然是某學者的藏書。這張照片立刻引發一群歐美書蟲的讚嘆，並在網路上熱切地討論起藏書的主人可能會是誰，同時還從書脊的圖案、顏色、裝訂、尺寸與模糊的字體來研判架上有什麼書，頓時間彷彿成了個益智猜謎遊戲，最後有人指出

一流專業雜誌《藏書家》(The Book Collector)的編輯，他更是西方古書界最知名的工具書《藏書家入門》(ABC for Book Collectors)第七版的修訂者，沒有什麼比書籍的陳列更能透露擁有者的背景與特質了。

一間華廈不管裝潢多新穎，如果裡面沒有擺書，只會讓我覺得乾燥、索然無味，古羅馬哲人西塞羅(Marcus Tullius Cicero)的名言：「沒有書籍的房間，宛如缺乏靈魂的肉體。」長久以來已成爲我的座右銘。《在家與書爲伍》及另一本1999年出版的《與書同居》(Living with Books)兩本書，都是企圖透過圖片與文字展現愛書人如何在自家安置他們的寶貝，我們雖然無法看清一本本的書名，但是卻有幸遊走於各個「書房」中，更驚喜地發現書籍在私密的空間竟有如此多具創意的組合，櫥櫃裡、階梯邊、壁爐中、門檻上、窗台下、浴缸前、馬桶旁……無一不是書籍能棲息的地方。

身處公共空間時，我一樣情不自禁地留意書籍的蹤影，在走訪一個城市時，我絕不會

這張照片更早曾出現在1995年出版的一本書《在家與書爲伍》(At Home with Books)中，也因此確認書主是英國的書籍史與字體學專家尼克拉斯·巴可(Nicolas Barker)，巴可曾任大英圖書館古籍維護部門的主管，爲英國

錯過當地的圖書館與書店，它們同時成了我評比這個城市的指標。但是一些非傳統的「書店」，卻往往讓我覺得更爲可親。如果說「書店」的定義泛指「凡是賣書的店」，那麼這個世界上其實是有非常非常多的「書店」。街頭轉角的小攤或是便利商店中聊備一格的報章雜誌可以讓它們成爲「書店」；機場、車站旅館內販賣土產兼供旅人殺時間的輕鬆讀物的小店，當然也是「書店」；博物館內陳售相關主題的禮物、複製品兼書籍的禮品部門，就更有理由被稱爲「書店」了。

「書店」與空間的關係的確能千變萬化，餐廳可以擺起食譜、畫廊可以賣藝術畫冊、旅行社可以出售旅遊指南、茶藝館可以放置茶經、照相館可以賣攝影集、花店能賣養花蒔草的園藝書、開放的作家故居理當陳列主人的全套著作……，這個「書」與「店」的組合可以不斷延伸下去，對於像我這類對書有相當偏執狂的人，會認爲任何地方都能、也都該賣書。哪怕是小小一區或是少少幾本書，店裡擺了書整個氣氛就是不一樣，書是最好的裝飾品，這個信條不僅適用於居家設計，對於商店同樣奏效，特別是書籍與相關商品的搭配，往往產生相乘的效果。在旅行的過程中，我發現和我持相同想法的人並不在少數，以美國舊金山「聯合廣場」旁一條短短的仕女巷（Maiden Lane）爲例，就出現了不少「書店」。

Sur La Table 是個專賣廚具及餐具的精緻聯鎖店。舊金山這家分店在1997年開幕後，立刻引起一陣騷動，即使我這個對烹飪並不特別狂熱的人，在踏入這家店後，也不得不發出衷心的讚美，甚至到了流連忘返的地步。在這裡，你能看到由世界九百家供應商所提供的一萬兩千五百種相關物件，從形形色色、各式材質的酒瓶塞、胡椒罐、攪拌器、烤盤，到說不出用途的用具，不管實用價值爲何，每樣東西都讓我愛不釋手，其中還有一系列銅製的廚具是出自相傳六代的家族手藝。事實上，在以巨幅食物壁畫的烘托下，Sur La Table根本就像是個大型的裝置藝術般別致，在此還可以經常見識到當地的大廚師在店內設備完善的廚房中傳授手藝。不過，眞正讓Sur La Table有別於其他廚具店的，是地下室佔地不小的圖書區，想當然爾，最適合陳列在這家店的莫過於食譜及與飲食相關的雜誌，或許是因爲店中的工作人員多半具有專業的烹飪技術，書籍經過篩選，因此這裡近

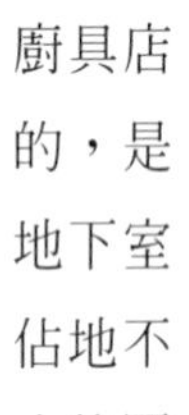

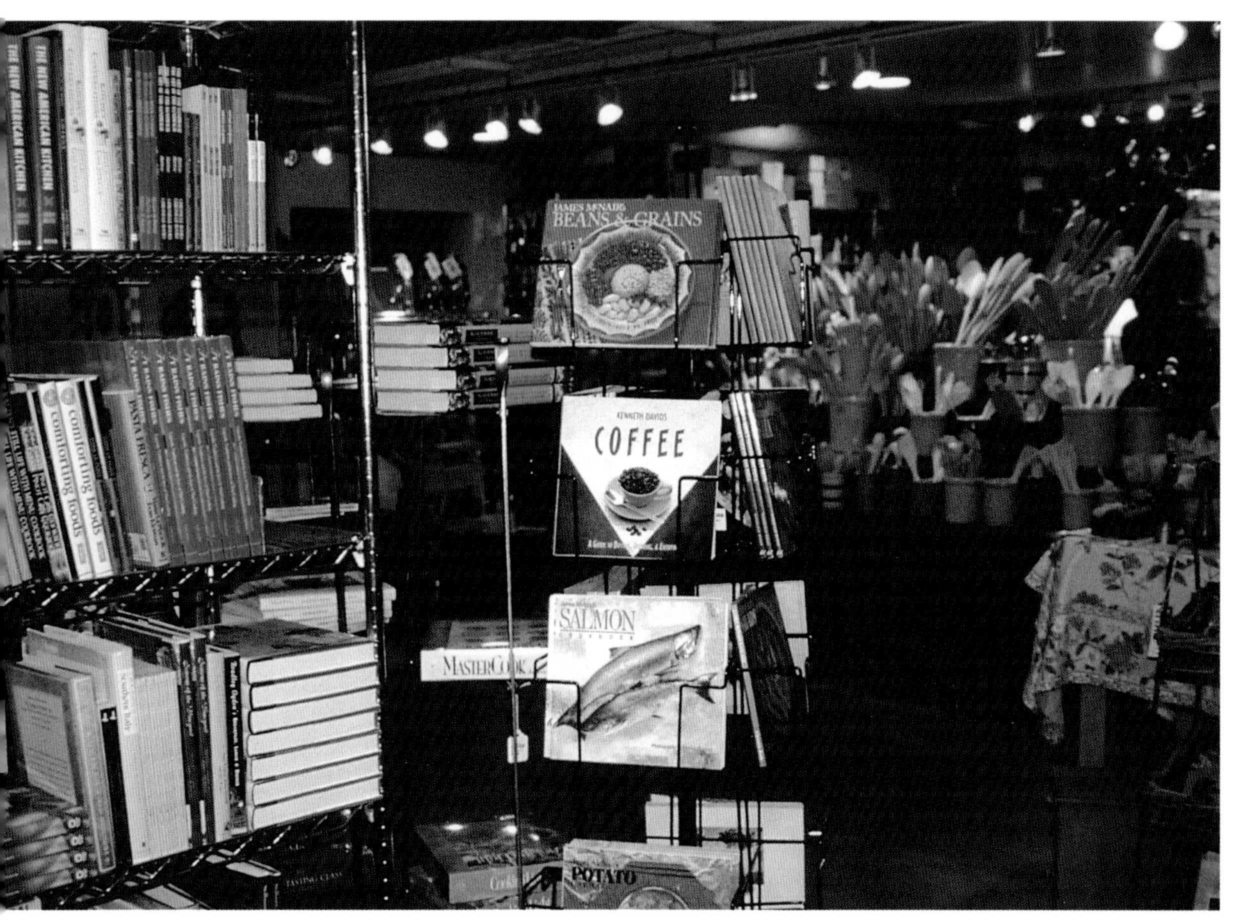

千種的出版品，和一般書店中同類型的書區比起來，往往還略勝一籌，有些書則依照性質和相關廚具陳列一起，突顯了彼此的獨特性與魅力，更讓人有股衝動把兩者都帶回家。

隔鄰的Candelier 同樣是一家美不勝收的店，裡面有著數以千計的蠟燭、燭臺與家飾用品，曾幾何時，原本主要功能是實用照明的蠟燭卻演變成生活中的裝飾品，各種造型、尺寸、顏色、氣味的蠟燭相繼而出，有些像樹枝般粗狀，上面有三、四個燭心，有些像是誘人的水果，有些甚至可以飄浮在水上。西方的家庭在假日時特別喜歡點上蠟燭增添氣氛，柔和的燭光在黑夜中似乎總是能釋放出神奇的魔力，即使是在白天，蠟燭也像個優雅的雕塑品，店主人是家具與家飾品的設計師，他不僅巧手佈置店面，還特別精挑細選了數百本自己喜歡閱讀的生活風格與裝飾藝術類書籍和眾多的蠟燭、飾品放在一起，如此的組合最主要是爲了傳達他個人的生活品味。

少女巷最著名的地標莫過於140號的圓形藝廊，這棟建築物是當代西方建築大師法蘭克．洛伊．萊特（Frank Lloyd Wright）在舊金山的唯一設計作品，完成於1949年，當時是摩理斯禮品店(V. C. Morris Gift Shop)。有別於一般傳統商店開闊的門面，萊特設計了拱圓型的磚牆隧道入口，室內則以貝殼狀的螺旋斜坡道連結一、二樓，天花板為大片白色壓克力材質的氣泡狀燈罩。摩理斯禮品店的螺旋坡道讓人立即聯想到晚十年才落成的另一個萊特的著名設計——紐約市古根漢美術館，一般皆認為前者是後者的實驗先趨。

摩理斯禮品店之後，陸續有其他店家進駐，1998年由一個企業體經營的三家藝廊接手，他們在開幕前，敦請與萊特有合作經驗的建築師艾倫．葛林（Aaron Green）將逐漸老舊的建築物悉心修復，再現當年的風華，如今藝廊中來自巴里島、非洲、西藏、日本的藝術品、古董與首飾，在萊特原始設計的陳列櫃架上顯得熠熠生輝，藝廊主人除了在其間巧妙地穿插了民俗藝術類別的書籍以呼應經營的方外，更闢一個小書區專門販售與萊特相關的建築書，這個貼切的主題書區，不僅是向大師致意，也體現了對歷史的尊重。

在藝廊斜對面的布萊特絲是一家已有近半世紀歷史的知名布料店 (Britex Fabrics)，許多好萊塢電影的戲服均出自於此。這棟四個樓層的長形建築，每一層分門別類陳列出製作服裝及家飾的相關物件。一、二、三樓像是大型的彩虹屋，數千捲布匹極為壯觀地由天花板排到地板，宛如布料博物館。四樓除了三萬多顆各種形狀、顏色、材質的鈕扣以及繁多的緞帶、蕾絲、流蘇等裝飾性配件外，還有一個固定書架與旋轉架陳列了不少裁縫類的實用工具書，無論是縫紉高手或新手，總能從書上為居家生活找到一些好點子，透過圖文的介紹，似乎縫一個抱枕、剪裁一件襯衫都不是件難事。

或許有人會開始大皺眉頭，這些店家的「書」也能算書嗎？它們多半是「咖啡桌書」(coffee table books)，精美有餘、深度不足，不是什麼偉大的讀物，僅適合擺在家中的咖啡桌上，隨手取來翻翻罷了。這種對書籍的偏見，總會讓我想起英國文學家查爾士．蘭姆在他的書《伊利亞最後隨筆》（The Last Essays of Elia）的一個篇章〈書籍與閱讀雜感〉（Detached Thoughts on Book and Reading）中提到，他對於先輩——著名的史學家吉朋（Edward Gibbon）、哲學家休姆（David Hume）、經濟學家亞當．史密斯（Adam Smith）的所有著作都不放在眼裡，並譏為「不是書的書」(books which are no books)，他說每回看到這些「披上書衣的東西」（things in books' clothing）盤據在架上，就覺得它們彷彿是篡位的假聖人，往往讓他火氣上升，恨不得能將它們外面裝訂華麗的摩洛哥皮剝下來，包裹在他自己收藏的破舊書上。然而吉朋的《羅馬帝國衰亡錄》、休姆

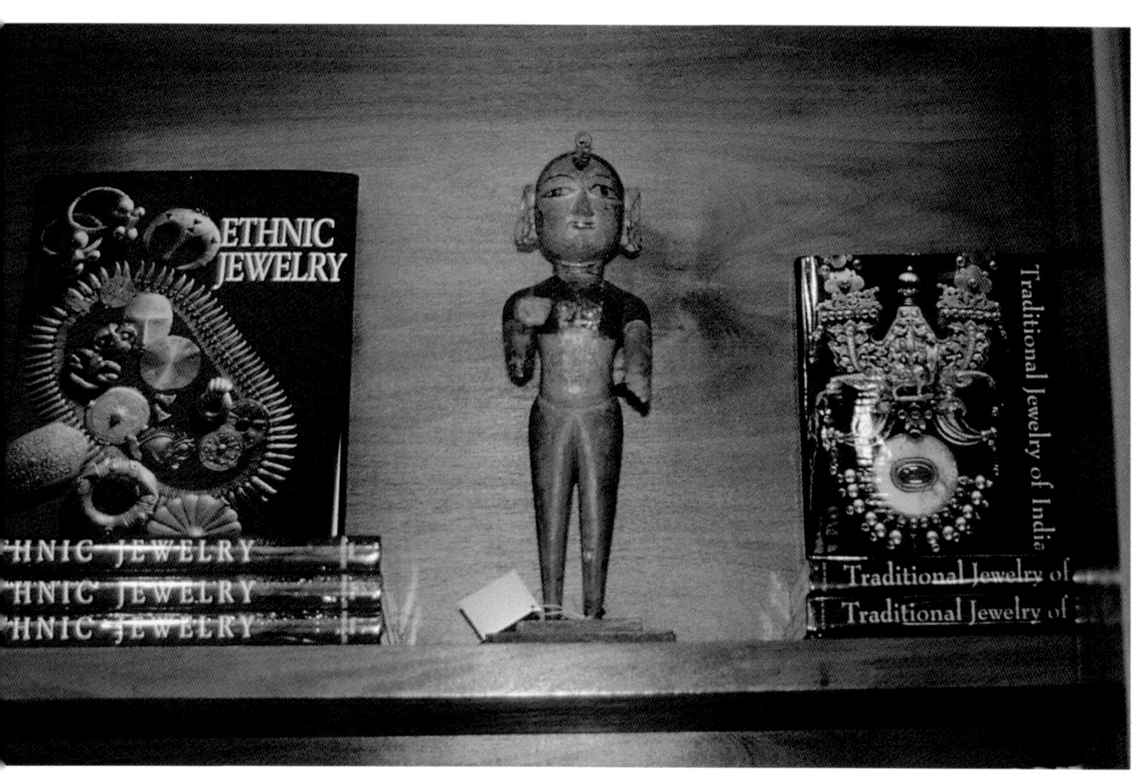

的《人性論》與史密斯的《國富論》卻是被許多人奉爲經典、一讀再讀的書啊！可見一本書是否崇高、偉大、有深度，實在是極爲主觀的看法，難有一個絕對的標準。

也有人會進一步質疑，書籍的無所不在，只不過是形體在空間中的流竄罷了，單單是看到書籍的皮相，這和愛書人如約翰生博士或拿破崙隨時隨處都看書——看書的內容——扯得上什麼關聯？有如此疑問的人，我建議最好去讀讀收錄在志文出版社新潮文庫的《讀書的藝術》與《讀書的情趣》中美國作家約翰・寇德・拉格曼（John Kord Lagemann）的兩篇文章，拉格曼在文中描述他那兩個青少年的男孩在假日忙著滑雪、打工與交女朋友之餘，卻還是各自讀了托爾斯泰的《戰爭與和平》與米爾頓的《失樂園》，他的妻子總是抱怨家中書籍亂堆，拉格曼承認咖啡桌上、床邊、窗檻上、浴室和廚房確實是書籍肆虐，但他也得意地表示，到處看得到書對於兩個小孩無論何地都能讀書的習慣有相當的影響。

書籍的魔力何在？我以爲不外乎它引領讀者對未知的人事物發生興趣、對已感興趣者再進行探索、在知性與感性間遊走、在嚴肅與輕鬆間穿梭，而這經驗的好壞唯有自己才是最終的裁判，他人無從置喙。此外，當我們無論在私密或公共的空間中隨處都能與書相遇，而非得刻意進入傳統正規的書店或圖書館中時，那表示書籍其實已經成爲我們生活的一部份，讓我們在不知不覺中上了癮。■

讀書看風水

歷史名人都在哪些地方讀書

文──張惠菁　圖──郭宏法

國父讀書地

大英博物館

你該不會以為國父的興趣是在國民黨海報上跟行人拉票吧？其實他一生的志業，「除革命而外，唯有讀書而已」。1896年，國父曾經在倫敦的大英圖書館裡讀了不少書，他的建國理想，也就在博物館圖書館的圓形閱覽室裡成型。

大英圖書館和大英博物館本來可以算是連體嬰。圖書館大部分的書都藏在博物館圖書館（British Museum Library）裡，其他書籍則分藏於數棟不同的建築物，讀者向館員提出申請後，得等上大半天才能拿得到書。為了統一管理，大英圖書館於二十世紀末展開了史上最大圖書館遷移行動。從1996年12月開始搬家，搬到1999年6月16日才算完成，足足搬了兩年半。

現在，大英圖書館的新家就在倫敦聖潘卡斯車站（St. Pancras）附近──而聖潘卡斯正好就是當年國父第一次搭火車到達倫敦的地方。

魯迅讀書地

三味書屋

魯迅曾經在〈從百草園到三味屋〉文章中回憶他幼年啓蒙成長的歲月。「百草園」指的是他紹興老家的後院，至於「三味屋」指的就是他從十二歲到十七歲就學的私塾──三味書屋了。

從魯迅故居向東走，過一道石橋，就到了三味書屋。書屋建於清代，是紹興著名的私塾。魯迅文章中回憶：「從一扇黑油的竹門進去，第三間是書房。中間掛著一塊匾道：三味書屋；匾下面是一幅畫，畫著一只很肥大的梅花鹿伏在古樹下。」兩側的對聯寫著：「至樂無聲唯孝悌，太羹有味是詩書」。

三味書屋既是私塾，也是魯迅的老師壽鏡吾的住家。分隔成兩間，小間的是爲壽鏡吾的書房，大間的擺了六七張桌子，是壽鏡吾講課的地方。塾內有一個小天井，中有一個水缸，旁邊是一塊黑色的地磚，壽敬吾指導魯迅等學生在這裡練習書法。

魯迅當年讀書用的桌子，現在還保存在書屋中。上面有魯迅親手刻在桌角的「早」字。三味堂的塾師壽鏡吾，教導學生以嚴厲著名，魯迅曾經因爲遲到受老師責備，因此在桌上刻了「早」字警惕自己。三味書屋與魯迅那張刻著「早」字的桌子，現在都是紹興著名的人文景點了。

唐伯虎讀書地

桃花庵

今天江蘇蘇州市閶門外桃花塢街唐氏故居，是明代「江南第一才子」唐伯虎讀書的地方。唐寅（1470-1523），字伯虎，又字子畏，別號六如居士。唐伯虎點秋香的故事純屬虛構，一代書畫名家的成就卻是半點不差，他的詩、書、畫被稱爲三絕，畫與同時代的沈周、文徵明、仇英齊名，合稱「明四家」，又和祝允明、文徵明、徐禎卿等切磋詩文，合稱「吳中四才子」。

十六歲那年，唐伯虎參加秀才考試，重第一名案首，二十九歲到南京參加鄉試，又中第一名解元。正準備赴京參加會試，不料被科場冤獄牽連，貶爲地方小吏。唐寅憤而回到蘇州老家，白天作畫，晚上讀書，以賣畫維生。

唐伯虎的家雖然位在鬧區，卻不能干擾他讀書的興致。唐伯虎的好友文徵明詩中說：「君家在皋橋，喧闐鬧市區。何以掩市聲？充樓古今書。左陳四五冊，右傾三二壺。」正是描述唐伯虎身居鬧市，書酒自娛的生活。

三十六歲那年，唐伯虎在城北桃花塢散步，意外發現一片遠離市井的新天地，於是決定在桃花塢建新居，就是他後來在〈桃花庵歌〉裡描寫「桃花塢裡桃花庵」的世外桃源。此後唐伯虎更不怕市聲吵雜，在開滿桃花的亭園中與文徵明等好友同享詩酒之樂了。

蒲松齡讀書地

聊齋

不要以爲《聊齋誌異》的作者蒲松齡是在蘭若寺裡讀書，才能寫出那樣鬼氣森森的作品。其實蒲松齡讀書的地方很正常。在今天山東淄博市的淄川區，有個蒲家莊。蒲松齡居住的蒲氏故居現在還在，屋內有間書房，名叫「聊齋」，就是蒲松齡讀書的地方。

蒲松齡（1640-1715），字留仙，別號柳泉居士，世稱聊齋先生。早年有文名，但卻從未中過科舉，因此開設「綽然堂」，擔任塾師，授徒爲生。

蒲松齡故居現在仍保存完整。北院的「聊齋」保存著蒲松齡用過的桌椅等物品。西院改成陳列室，展出蒲松齡的手稿，以及《聊齋誌異》中外各種版本等。蒲松齡的墓也葬在離故居不遠的地方，由作家茅盾於1979年爲蒲松齡墓新題墓碑。

在蒲家莊東門外，有一口名泉，叫做「柳泉」。據說蒲松齡曾在泉邊茅亭上設茶待客，聽當地父老談孤說鬼。這些邊喝茶邊聽來的故事，後來都化爲《聊齋誌異》寫作的養分。今天柳泉邊上有許多柳樹，據說是蒲松齡和當地人一同在泉邊栽種的。蒲松齡的別號「柳泉居士」，也是從這口泉水得名。

祝英台讀書地

碧鮮庵

當年要不是祝英台帶著銀心離家求學，也不會和梁山伯譜出一段流傳千古的淒怨愛情故事。梁祝這對苦命鴛鴦，在一起的歡樂時光不長，就只有他們同窗讀書的那段歲月了。所以梁祝迷的朝聖地絕對不該是他們的墳墓，應該是他們讀書的地方才對。

關於祝英台讀書的地方，有兩個說法。傳說之一是山東曲阜——孔子的老家。不過記載較多的是祝陵碧鮮庵。碧鮮庵位在江蘇宜興城西南約二十五公里處祝陵村附近。由於祝英台在此讀書的傳說明載於《毗陵志》，且有詩云「蝴蝶滿園飛不見，碧鮮空有讀書壇」，使當地籠罩著濃厚的傳奇色彩。古時該地有一石碑，上頭刻著「祝英台讀書處」六個字，今已不在。殘存的只有古老碑亭一座，石碑上刻著暗紅色的「碧鮮庵」三字。不過梁祝迷可以在每年三月二十八日造訪該地，參加當地的「觀蝶節」，體驗梁祝化蝶的情景。

曹植讀書地

陳台

曹植（192-232）和甄妃的愛情故事，雖然沒有梁祝那樣，每隔幾年就改編成電視電影，不過也算是十分膾炙人口了。以七步成詩、才高八斗聞名的曹植，當然也是個酷愛讀書之人。曹植受封爲鄄侯時，曾經在濮州舊城東北（今山東鄄城東北）築讀書台。後來曹植改封爲陳王，因此該地又稱「陳台」。劉忠詩云：「銅雀繁華已及灰，尚留子建讀書台。……不是五車資苦學，安能七步擅奇才」。當哥哥曹丕站上展現帝王氣象的銅雀台，曹植的陳台，相形之下是失勢的王族讀書安身的所在。■

謝春德的夢想發生地

書房主人：謝春德

一九四九年出生於台中的謝春德是台灣戰後第一代知名攝影師，自十九歲舉辦個人第一次攝影展至今三十多年，以不同的身份活躍於視覺媒體：攝影、MTV、CF、紀錄片、電影導演與製片等等，現在正進行一項結合攝影與電腦的「暗房數位化」計畫。

文——李瑩婷　攝影——何經泰

走進謝春德的書房，第一眼看到是佔據了整面牆的鋁製書架。這書架可是完全手工製作、市面不售的呢！謝春德說他喜歡鋁合金的質感及耐用性，不過市面上所販售的鋁製家俱，價格太過昂貴，於是他自行購買材料，請工廠裁切成需要的規格，再DIY組合起來。

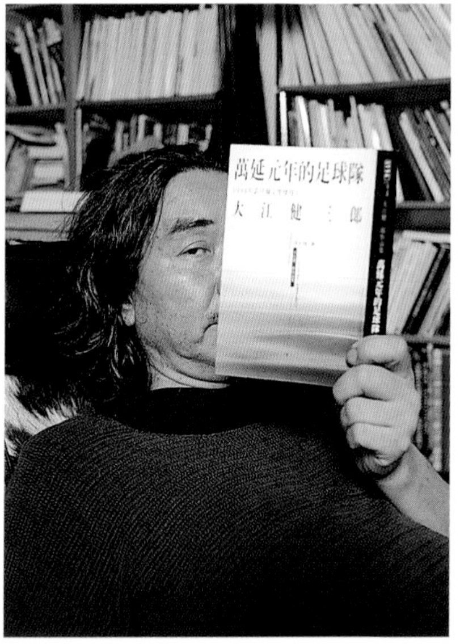

知道了他對書架的講究之後，再聽他談起椅子，我們就已經見怪不怪了。謝春德對椅子的要求非常高，他覺得人一生要花大量時間坐在椅子上工作與閱讀，幹嘛不對自己好一點？秉持著善待自己的原則，某次謝春德幫家具公司攝影後，硬是不收酬勞，寧願交換一把躺椅！不過，謝春德算盤打得也精，他開口要的可是一把價值不斐的名椅，原作曾在紐約現代美術館展出，完全人體工學設計，就算長時間閱讀也不會覺得疲累。

謝春德的藏書以視覺圖書為主，包括國外設計、時尚攝影類雜誌，例如《*STUDIO VOICE*》、《*DEJA VU*》、《*PHILIP STARCK*》攝影作品輯、《*PURPLE*》雜誌、《*VISIONAIRE*》……等。關於閱讀他說自己是雜食性動物，什麼都讀。最近還因為拍攝達賴喇嘛紀錄片，而對宗教產生興趣，研究起新約聖經來。

在這個書房裡，謝春德曾經完成了許多夢想，包括個展「無境飄流」，以及電影、多媒體、個人網站、文字書等種種計畫。一提到最新研發出的暗房數位化技術，他更是精神奕奕。在謝春德的書房裡，創作與閱讀沒有界限。

私房書

想像一下，當超級名牌遇上頂尖的視覺藝術家會做出一本什麼樣的書？

謝春德的答案很簡單——《*VISIONAIRE*》！

創刊於1991年的《*VISIONAIRE*》是一套結合流行品牌、設計師、攝影師、視覺藝術家等國際頂尖人士共同玩成的概念書，限量發行，一年只出版四期，每次針對一個主題發揮，目前最新出版第35期《*VISIONAIRE*》主題即是「女人」(Woman)。

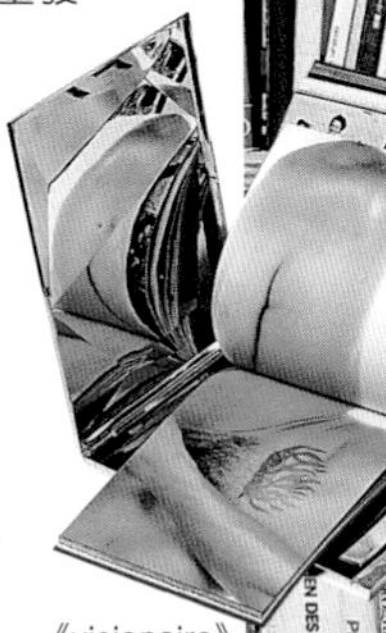

最令謝春德讚嘆的是，這套書由默默無名到今天許多知名藝術家都願意不計酬勞跨刀相助，關鍵就在製作班底「可以很準確的執行每個概念」。因為，每一期《*VISIONAIRE*》都嘗試超越人的想像，看書到底能做到什麼樣子。光是包裝材質，從皮件、壓克力、餅乾盒，到牛仔布，就夠令人嘆為觀止了。

《visionaire》

《*purple*》

《*visionaire*》

例如1999年，《*VISIONAIRE*》針對千禧年推出的《*BIBLE*》專輯，用白色壓克力做成貝殼形狀的書盒，可以變裝成很酷的背包。而書的第一頁是星星劃過宇宙星空，取《聖經・創世紀》之意。另一期《*BLUE*》則以一件牛仔衣包裝。

在謝春德心目中，《*VISIONAIRE*》珍貴的地方在於它用傳統人工方式挑戰人的創意。而創意，不論是在電子時代還是手工時代，永遠都是整個社會最重要的資產。■

《*colour*》

物之語

你迷戀的是閱讀的什麼？閱讀本身，還是閱讀融合生活所散發的氣味？翻開一本書、點一盞燈、拿一支筆、喝一杯咖啡，這些小小的物品，都是閱讀樂趣的一部分。

文──李嫈婷　圖──阿推

生活物語

只想懶在「躺椅」上

讀書不一定要正襟危坐，拿本書窩在躺椅上，看到舒服得睡著了，也是一種幸福。躺椅源自法文chaise longue，翻成英文就是long chair，十八世紀的法國人首創改良扶手椅，把坐墊做成人身長，增加臥躺功能，有的還會加上腳凳。躺椅進化到二十世紀，名設計師CHARLES EAMES讓它得以現身紐約現代美術館，躋身經典殿堂。

「讀書檯」的信仰

讀書檯在十四世紀成為圖書館的必備傢俱，斜坡式桌面便於將書平放，層架的設計則讓讀者可以放書寫工具，有的還會附上鎖鍊以防書被偷走。讀書檯的靈感來自於教堂座椅。看到圖書館一排排的讀書檯，讓人有走進教堂的錯覺，閱讀的信仰與上帝的信仰，原來還有那麼點雷同。

「蠟燭」芳香魔法連傳染病都怕

三千前埃及人已經開始使用蠟燭照明。至於近十年歐美流行的芳香蠟燭，卻有一段對抗傳染病魔的身世。原來古代蘇美人已懂得使用芳香植物製作藥材，直到歐洲中古世紀，人們為了預防傳染病發生，開始會在室內點燃混合植物精油的香味蠟燭。雖然芳香療法由來已久，但這個詞要到1928年才正式出現於書面。

「書架」與書的命運鎖鍊

現代人藏書時，習慣將書背朝外，但沒多久前，書可都是書背朝內地排排站在書架上！因為以前的書背上並沒有寫書名及作者的習慣，而且為了怕書被偷，書架上會附著鍊條。書背一律朝內擺，以免鍊子傷到書與書架。直到印刷術造成書的普及，才將書架與書自鐵鍊的魔掌下解放。

三千個理論只為一盞「電燈」

十九世紀，愛書人是在煤氣燈照明下閱讀的。偏偏愛迪生受不了它冒煙嗆人的毛病，決定要改革，而且他做到了！在建立了三千多種不同理論之後，愛迪生於1879年成功的發明鎢絲燈泡，正式開啓了新的人工照明時代。第一個白熾燈發明當天，愛迪生與工作夥伴興奮到整整盯著它看了四十個小時！

書的保護者——「中央空調」

為了不讓溫度與濕度破壞愛書人的城堡，中央空調「冷氣」可說是書的重要保護者。冷氣起源於十九世紀的紡織廠，1920年代第一座完全中央空調的大樓建於美國德州，1922年開利研發出循環式冷氣。開利之前有個CF令人印象深刻，文案說他們的冷氣聲比鯨魚的叫聲還小。面對安靜的涼爽空氣，閱讀也變得清爽起來了。

閱讀物語

「放大鏡」看小宇宙

有人說，放大鏡是兩千年來最偉大的發明，沒有它，世界將成為四十歲以下的人的天下！十三世紀的中國及義大利，首開先例將放大鏡鑲在框架內幫助閱讀。馬可孛羅遊記記載，當時中國老人已經使用眼鏡閱讀小字；而義大利則在1266年出現了用放大鏡看書的紀錄。

美麗的版畫藝術——「藏書票」

一張張漂亮的藏書票，盡是版畫家的心血，也是十分珍貴的藝術品。藏書票貼在書封面內或扉頁上，功能類似中國的藏書印。它起源於十五世紀的德國，有的會印有拉丁文ex-libris，代表某人藏書的意思。藏書票的圖案不限，有家徽、人物、風景等，據說大英博物館收藏了二十五萬張，有興趣者不妨去朝聖。

有點黏又不會太黏的「立可貼」

Post-it也翻為便利貼，在八十年代由3M公司發明。它的發明者剛開始是因為在教堂唱聖歌時，歌本中夾的書籤經常掉落，於是靈機一動發明了這個可重複黏貼的紙條。由於它有點黏又不會太黏，既可當書籤又有便條紙功能，已成為現代人生活中最不可缺少的文具之一。

時髦寵兒「太陽眼鏡」

不管你愛的是貓女太陽眼鏡，還是木村拓哉式的蒼蠅太陽眼鏡，一定想不到宋朝人已經開始戴著時髦的茶色墨鏡了吧！當時法庭上的師爺們，用透明石英製成墨鏡，不讓訴訟雙方看到他臉部的表情，塑造莫測高深的印象。

數位物語

「I-MODE」行動上網，美夢成真

1999年日本NTT DoCoMo推出i-mode，創造手機上網的新時代。手機早在1981年就發明了，不過i-mode的新創意在於以個人化即時媒體工具定位，結合手機、網路與行動商務概念，讓上網就像打電話一樣，並以通信資料多寡計費，2001年I-mode日本用戶高達兩千萬人，魅力可見一般。從此不只可以「打」手機，也可以「閱讀」手機。

「網路咖啡」上網對打

提供上網服務的網咖（INTERNET CAFE、NETWORK CAFE或CYBERCAFE）以濃郁咖啡加上寬頻網路，崛起於歐美大學附近。據稱第一家網咖是1991年在舊金山開幕的「ICON BYTE BAR AND GRILL」。由於寬頻環境的建構，加上連線遊戲的推波助瀾，國內去年開始流行網咖，成為青少年新興的休閒娛樂空間。

數位人玩具——「PDA」

PDA＝Personal Digital Assistant＝個人數位助理。九○年代初，蘋果電腦推出全球第一台PDA——NEWTON，卻未造成流行，在市場上鎩羽而歸。直到小巧的Palm出現，不但可與PC相連互傳資料，並擁有自己的手寫輸入法，等於是一台隨身攜帶式小型電腦，難怪引起全球的PDA熱潮，也成為數位人的最愛。

「電子字典」溝通無國界

當許慎在西元100年寫出第一本字典《說文解字》時，一定想不到後世只要用手隨便K兩下電子字典，管他哪國語言全都翻，還有真人教你如何發音咧！電子字典源自日本，台灣第一部電子字典現身於1989年，目前還多了繪圖、網路傳輸、下載資料等多元功能，讓閱讀變得更省時省力。

書寫物語

達文西的知識管理「筆記本」

notebook同時可指筆記本與筆記型電腦，前者可追溯到蘇美人的刻寫版，後者直到1988年才發明。史上最有趣的筆記本應該說是達文西的了，他的筆記本有夢囈般的諭示、複雜的數學公式、人體結構素描等。達文西特殊的筆記方式還影響了學者布禪（Tony Buzan）發展出一套「Mind Mapping」的思考邏輯與企劃方法。

「打字機」的復古情懷

現代的OL打電腦，以前的OL可是用打字機。1867年美國人發明打字機，將文書處理帶進了機器操作時代，自此人們不必再辛苦地用手寫字。打字機發明時，常因速度不夠快會卡字，所以鍵盤排序將常用的英文字母分開，也是後世學英打的痛苦來源。

不再漏水的「鋼筆」

鋼筆剛出現時，跟鵝毛筆一樣需要沾墨書寫，不但麻煩，還有漏墨的問題。1884年美國人華特曼成功研發儲墨式鋼筆，第一個註冊鋼筆專利，才讓這個書寫工具代替了鵝毛筆盛行至今。現代的名牌鋼筆，高品質與昂貴的價格，多了對身份地位的象徵。

繆思的「鵝毛筆」

歐美古裝電影裡，管他寫情書還是寫小說，總少不了鵝毛筆。也難怪，直到十九世紀鋼筆發明以前，鵝毛筆佔領了西方書寫工具的霸主地位達一千多年。鵝毛筆的前身是希臘的蘆葦筆，後來發現天鵝羽毛管的筆更為耐用，於是自六世紀開始大為風行。為了配合大家右手寫字的習慣，天鵝左邊翅膀上的羽毛彎曲的方向最為順手。

文具失業潮，「紙鎮」首當其衝

中國古代文人揮毫以前，沒有紙鎮幫他壓住紙，就太不夠看了。紙鎮又稱「鎮紙」或「文鎮」，主要在書寫時壓住紙張，使紙張平整。以往紙鎮多以銅、瓷，或玉，做成動物形狀。不過，現代人對紙鎮不再那麼講究，常常拿隨手物品代替，或乾脆不用。特別是電腦的興起，紙鎮也面臨失業了！

「原子筆」──複製時代的書寫代表

進入20世紀大量生產時代，書寫工具不但要便宜，又要省時。匈牙利人彼羅發明了原子筆端的圓珠，由於可自由轉動帶出油墨，使用上比鵝毛筆、鋼筆更為方便。當他1938年註冊了原子筆專利，也宣告新的書寫時代來臨。

「鉛筆」花三百年戴上橡皮帽

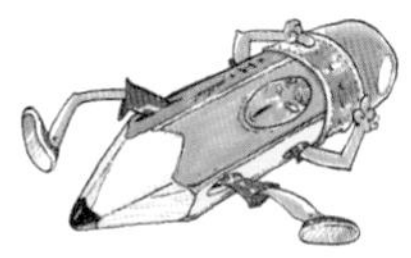

鉛筆早在1565年就已經問世，不過鉛筆頭上的那顆橡皮擦，卻是花了將近三百年的時間才爬到鉛筆頭上去。1858年，美國費城人立普曼（Hyman Lipman）在鉛筆頂端裝上金屬環，再加上小橡皮擦，才成了我們從小用到大的橡皮頭鉛筆。看來簡單的鉛筆，沒想到製作過程還挺複雜的。

飲食物語

休息一下，喝杯「茶」

提到紅茶，最先聯想到英國的英式下午茶，其實最早有普遍喝紅茶習慣的國家卻是葡萄牙。十七世紀時英王查理二世的妻子是葡萄牙人，她將喝紅茶的文化帶進英國，自此成為上流社會的最愛，當時英國紅茶一磅要價十英磅，嚇死人的價格唯有貴族享受得起。

聊文化酗「咖啡」

早在15世紀，非洲東南部已有喝咖啡的習慣。歐洲第一家咖啡館十六世紀出現於威尼斯。以河左岸咖啡著名的巴黎，則晚至1686年才出現第一家咖啡廳。由於咖啡廳通常是文人雅士的聚集地，而咖啡又多為創作者所好，慢慢地它發展出自身特別的文化，讓人在看書時免不了酗上幾杯。1901年日裔美人Satori Kato發明即溶咖啡，但要到1938年第一罐雀巢即溶咖啡上市，才邁入大量生產。即溶咖啡容易保存又方便飲用，對沒有時間煮杯咖啡細細品味的現代人，是個夢幻般的發明。

「巧克力」情人

甜得膩死人的巧克力，是補充體力的最佳來源，讀書讀到昏了頭，不妨用巧克力振奮一下精神。中美洲阿茲特克帝國最早有飲用可可的習慣。西班牙在1519年將巧克力帶回國內，加入糖、肉桂、香草等沖泡飲用。1657年巴黎市面開始販售充水飲用的巧克力方塊。而美國要遲到十八世紀才開始推廣巧克力。

憂鬱的「香煙」

CAFE中叼著煙姿態慵懶的女子，抽著煙侃侃而談的文藝青年，香煙在文學與電影中被賦予憂鬱與思考的形象。其實要到十九世紀後半，發明了製造香菸的機器，紙菸才成為菸草最主要的流行型式。自第一次世界大戰解除了對女人的抽煙限制後，二O年代的歐美女人開始了抽煙的風氣。跟雪茄比起來，抽完一根紙煙所需的時間更短，因此有了「一根煙的時間」這個非正式時間單位的出現。

貪心的「冰淇淋」

夏天的讀書計畫少不了冰淇淋相伴，讓貪心的讀者可以同時滿足心理與生理的食欲。冰淇淋的起源是《馬可孛羅遊記》中記載的一種中國甜點，經義大利人改良後再傳至法國宮廷，十六世紀正式出現在法王路易十六的宴會菜單裡。現在，吃冰淇淋不再是貴族專用，而是很平民的生活享受。 ■

Net and Books 網路與書 1

閱讀的風貌

經營顧問 Peter Weidhaas　陳原　沈昌文
陳萬雄　朱邦復　高信疆
發 行 人 郝明義
策劃指導 楊渡
主　　編 張惠菁
編　　輯 李康莉　李嫈婷　何儀慧
北京地區策劃 于奇　徐淑卿
美術指導 張士勇
攝影指導 何經泰
企劃副理 鍾亨利
行政兼讀者服務 塗思眞

出版者：英屬蓋曼群島商網路與書股份有限公司台灣分公司
台北市105南京東路四段25號10樓之1
TEL：(02)2546-7799 FAX：(02)2545-2951
email：help@netandbooks.com
網址：www.netandbooks.com
郵撥帳號：19542850
戶名：英屬蓋曼群島商網路與書股份有限公司台灣分公司
總經銷：大和書報圖書股份有限公司
地址：台北縣新莊市五工五路2號
TEL：886-2-8990-2588 FAX：886-2-2290-1658
製版：凱立國際資訊股份有限公司
印刷：詠豐印刷（股）公司
初版一刷：2001年7月
二版一刷：2006年1月
法律顧問：全理法律事務所董安丹律師
ISBN 957-30266-0-0
定價：台灣地區280元

Net and Books 1
Fashions of Reading

Advisors: Peter Weidhass　Chen Yuan　Shen Chang Wen
Chan Man Hung　Chu Bang Fu　Gao Xin Jiang
Publisher: Rex How
Editorial Director: Yang Tu
Chief Editor: Michelle Chang
Editors: Karen Lee　Salute Lee　Yvonne Her
Managing Editor in Beijing: Yu Qi　Hsu Shu-Ching
Art Director: Zhang Shi Yung
Photography Director: He Jing Tai
Marketing Assistant Manager: Henry Chung
Administration: Jane Tu
Net and Books Co. Ltd. Taiwan Branch(Cayman Islands)
10F-1, 25, Section 4, Nanking East Road, Taipei, Taiwan
TEL:886-2-2546-7799
FAX:886-2-2545-2951
Email:help@netandbooks.com
http://www.netandbooks.com

本書之出版，感謝永豐餘參與贊助。

Net and Books 網路與書的書目

0 試刊號

>特集

閱讀法國

從4200筆法文中譯的書單裡，篩選出最終50種閱讀法國不能不讀的書。從《羅蘭之歌》到《追憶似水年華》，每種書都有介紹和版本推薦。

定價：新台幣150元

存量有限。請儘速珍藏這本性質特殊的試刊號。

1《閱讀的風貌》

我們可以把閱讀當作是給大腦的一種飲食，閱讀就是供應大腦的養分。本書以人類六千年閱讀的歷史與發展為主題，從圖像到文字，如吳哥窟壁上的雕刻，到古騰堡的活版印刷；再從文字回到圖像，如「WWW」（全球資訊網）的使用，全都是一種閱讀。此外，還介紹六個和網路相關的人、四個談書的觀點、幾米的圖像閱讀經驗，以及謝春德的訪問。

定價：新台幣280元

2《詩戀Pi》

在一個只知外沿擴展的世界中，在一個少了韻律與節奏的世界中，我們只能讀詩，最有力的文章也只是用繩索固定在地面的熱氣球。而詩則不然。

（人類五千年來的詩的歷史，也整理在這本書中。）

定價：新台幣280元

3《財富地圖》

如果我們沒法體認財富、富裕，以及富翁三者的差異，必定對「致富」一事產生觀念上的偏差與行為上的錯亂。本期包含：財富的觀念與方法探討、財富的歷史社會意義、古今富翁群像、50本大亨級的致富書單，以及《台灣地區財富觀調查報告》。

定價：新台幣280元

4《做愛情》

愛情經常淪為情人節的商品，性則只能做，不能說，長期鎖入私密語言的衣櫃。本期將做愛與愛情結合，大聲張揚。從文學、歷史、哲學、社會現象、大眾文化的角度解讀「做愛情」，把愛情的概念複雜化。用攝影呈現現代關係的多面，把玩愛情的細部趣味。除了高潮迭起的視聽閱讀推薦，並增加小說創作單元。

定價：新台幣280元

5《詞典的兩個世界》

本書談詞典的四件事情：1.詞典與人類歷史、文化的發展，密不可分的關係。2.詞典的內部世界，以及編輯詞典的人物與掌故。3.怎樣挑選、使用適合自己的詞典——這個部分只限於中文及英文的語文學習詞典，不包括其他種類的詞典。4.詞典的未來：談詞典的最新發展趨勢。

定價：新台幣280元

6《移動在瘟疫蔓延時》

過去，移動有各種不同的面貌與定義．冷戰結束後，人類的移動第一次真正達成全球化，移動的各種面貌與定義也日益混合。2003年，戰爭的烽火再起，SARS的病毒形同瘟疫，於是，新的壁壘出現，我們必須重新思考移動的形式與內容。32頁別冊：移動與傳染病與SARS。

定價：新台幣280元

7《健康的時尚》

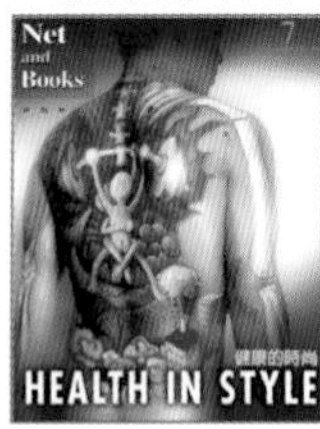

這個專題探討的重點：什麼是疾病；怎樣知道如何照顧自己，並且知道不同的醫療系統的作用與限制；什麼是健康，以及如何選擇自己的生活風格來提升自己的生命力。如同以往，本書也對醫療與健康的歷史做了總的回顧。

定價：新台幣280元

8《一個人》

單身的人有著情感、經濟與活動上的自由，但又必須面對無人分享、分憂或孤寂的問題。不只是婚姻定義上的單身，「一個人」的狀態其實每個人都會遇到，它以各種形式出現，是極為重要的生命情境或態度。在單身與個人化社會的趨勢裡，本書探討了一個人的各種狀態、歷史、本質、價值與方法。

定價：新台幣280元

9《閱讀的狩獵》

閱讀就是一種狩獵的經驗。每個人都可以成狩獵者，而狩獵的對象也許是一本書、一個人物、一個概念。這次主要分析閱讀的狩獵在今天出現了哪些歷史性的變化、獵人各種不同的形態，細味他們的狩獵經驗、探討如何利用各種工具有系統地狩獵，以及回顧過去曾出現過的禁獵者及相關的歷史。這本書獻給所有知識的狩獵者。

定價：新台幣280元

10《書的迷戀》

從迷戀到癡狂，我們對書的情緒有著各種不同的層次。本書要討論的是，為什麼人對書的實體那樣執著？比起獲取書裡的知識，他們更看重擁有書籍的本身。中西古書在形態和市場價值上差別如此大，我們不能不沉思其背後的許多因素。本書探討：書籍型態的發展、書癡的狂行與精神面貌、分享他們搜書、藏書和護書經驗，及如何展現自己的收藏。

定價：新台幣280元

11《去玩吧！》

玩，就是一種跳脫制式常軌的狀態或心情。玩是一種越界。雖然玩是人的天性，卻需要能量，需要學習。本書分析了玩的歷史與文化，同時探討玩的各種層次：一生的玩，結合瘋狂與異想；一年的玩，結合旅行與度假；一週的玩，作為生活節奏的調節與抒解；每天的玩，一些放鬆與休息。藉此，勾動讀者想玩的心情與行動。

定價：新台幣280元

12《我的人生很希臘》

古希臘以輝煌的人文和科學成就，開歐洲思想風氣之先，而今日希臘又以藍天碧海小白屋，吸引全世界人們流連忘返。其實，希臘不必遠求，生活週遭處處都隱含著希臘之光。到底希臘的魅力從何而生？希臘的影響又有多麼深遠？看了這本書你就會了然於心。

定價：新台幣280元

13《命運》

每個人存活在世界上，多少都曾經感受到命運的力量。有時我們覺得命運掌控了我們，有時我們又覺得輕易解脫了它的束縛，一切操之在我。到底命運是什麼？以及，什麼是命？什麼又是運？本書除了對命運與其相關詞彙提出解釋外，還縷述不同宗教、文化對於命運的觀點，以及自由意志展現的可能。此外，還有關於命運主題的小說、攝影、繪本等創作。

定價：新台幣280元

14《音樂事情》

從原始的歌到樂器的發明；從留聲機時代的爵士樂到錄音帶音樂；從隨身聽、MTV到數位化的iPod，聽音樂的模式一直在改變。本書談的是音樂的力量，如何感動人，以及在社會文化層面上產生影響力。經歷民歌、情歌、台語搖滾時代，今後的創作者又將面臨什麼情況？

本書內含《音與樂》CD

定價：新台幣280元

15《我窩故我在》

家，是人誕生之處，也是心安頓之所。家有多重的意義：房屋，代表一種遮蔽；窩，代表一種自在；家庭，代表一種歸屬；家鄉，代表一種回憶。從前這四種組合是一體的，現今則可能分散各處。時代與環境變化無常，能夠掌握的就是自己的窩了。本書以自己的窩為主軸，探討屋、窩、家人及家鄉的四種精神與作用。

定價：新台幣280元

16《記憶有一座宮殿》

在種種高科技記憶載體推陳出新、功能日益強大的時代，我們該如何重新看待腦中儲存的記憶？本書指出，大腦的「倉庫」功能，現在可由許多外掛載體勝任，而我們應把大腦視為一座儲存珍貴事物的「宮殿」，每個人都可獨力打造屬於自己的記憶之宮。書中也深入探討記得、遺忘與個人生命的深刻鏈結，並展示歷史與文化集體記憶的萬千風貌。

定價：新台幣280元

17《癖理由》

「人無癖不可與交」，癖其實就是每個人的獨特個性，也是嗜好的「極致」；癖到極至，就成為一種能力和能量。今天「個人」與「富裕」的社會，提供了適合癖的環境；網路發達，使得癖的同好容易交流，但這兩個條件的搭配，一不小心會使「癖」只是一種流行。分不清「癖」與「習性」或「嗜好」，很嚴重。我們需要區別癖的本尊，不能錯認分身與變身。

定價：新台幣280元

18《閱讀的所在》

閱讀，需要有一個空間作基礎。從浴室、書房等私密角落，到咖啡館、書店、公園、圖書館等公共空間，或是飛機等移動工具，乃至於整個文化城市，不同形式的空間提供了不同的氛圍，讓閱讀產生了豐富的化學變化。本書構成了閱讀者與各種環境的交響曲，那是一幅幅動人的風景，也體現了閱讀無所不在的精神。

定價：新台幣280元

19《夢想》

夢想，是個遠在天邊，也近在眼前的東西。本書集合了形形式式的夢想：探險、愛情、科學、和平、家庭、商業，甚至是性別。我們分享了古今中外的夢想家，如何成為理想的實踐者，以及如何在最不可能的情況下，還保有一個夢想。不論成敗，我們還是要快樂地享受夢想。

定價：新台幣280元

20《少一點》

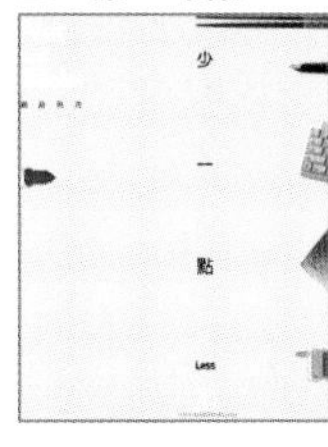

萬事萬物都有限度，過量的需求，對自己及整體環境都有害。要自「加法思想」的迷惑中脫身，不難，一切就從「少一點」開始。本書介紹了「少一點」的歷史、人物、方法、藝術及工作哲學，同時，還包括問卷調查及徵文。讀者將發現，「少一點」之後的減法生活，自己會更自由，世界也將更遼闊。

定價：新台幣280元

Net and Books 網路與書　訂購方法

「網路與書」系列預購

□二年12本（自　　年　　月起）定價新台幣 2800元×＿＿＿＿套＝＿＿＿＿＿元

□一年 6本（自　　年　　月起）定價新台幣 1400元×＿＿＿＿套＝＿＿＿＿＿元

以上均以平寄。如需掛號，

□預購12本，每套加收掛號費240元

□預購 6本，每套加收掛號費120元

感謝您訂購「網路與書」系列，如需購買單書，請參考本書書目後詳細填寫下列資料，以傳真方式傳回，我們將儘速為您服務。

書名	數量	金額合計
◎購書不足500元，需負擔郵資40元。	總計：　　元	

訂購人：＿＿＿＿＿＿　生日：＿＿年＿＿月＿＿日　　性別：□男　□女

身分證字號：＿＿＿＿＿＿＿＿　E-mail：＿＿＿＿＿＿＿＿

聯絡電話：＿＿＿＿＿＿＿＿　傳真：＿＿＿＿＿＿＿＿

□二聯式發票　□三聯式發票抬頭：＿＿＿＿＿＿＿＿　統一編號：＿＿＿＿

郵寄地址：□□□－□□＿＿＿＿＿＿＿＿＿＿＿＿

付款方式：□劃撥　□ATM轉帳繳款　□信用卡	
劃撥	劃撥帳號：19542850，劃撥戶名：英屬蓋曼群島商 網路與書股份有限公司 台灣分公司
ATM轉帳	台北富邦銀行（代碼012） 帳號：530-102-812920
信用卡	卡　別：□VISA　□MASTER　□聯合信用卡 信用卡號：＿＿＿-＿＿＿-＿＿＿-＿＿＿有效日期：　年　月 信用卡背面簽名欄上數字後三碼＿＿＿＿＿＿ 發卡銀行：＿＿＿＿＿＿　訂購金額：＿＿＿＿＿元整 持卡人簽名：＿＿＿＿＿＿（與信用卡背面相同）

請填妥訂購單郵寄或傳真至（02）2545-2951

如尚有任何疑問，歡迎電洽「網路與書」讀者服務部 ● 服務專線：0800-252-500　傳真專線：886-2-2545-2951

地址：台北市105南京東路四段25號10樓之一 ● E-mail：help@netandbooks.com